図解

いちばんやさしく丁寧に書いた

業務マニュアルの作成

JN002220

成美堂出版

はじめに

本書をお手に取っていただき、誠にありがとうございます。私がこの書籍を監修するに至った背景、そして業務マニュアルに対する私の思いをここで少しお伝えしたいと思います。

私が初めて業務マニュアルに触れたのは、新入社員として企業に入ったばかりの、右も左もわからないころでした。当時使っていた業務マニュアルは、疑問や不安を解消するための頼りとなりました。しかし、その中には難解な言葉や、新入社員にはよくわからない専門用語が多く、マニュアルの内容を理解するのに時間がかかりました。

私がマニュアル導入を支援する会社「株式会社2.1」を起業し、そして本書の監修を務めるに至った動機は、そうした経緯から生まれました。

マニュアルは本来、辞書を使わなければ読み解けないような難解な専門書ではなく、教科書のようにわかりやすいものであるべきです。誰もが直感的に理解でき、業務にすぐに活かせるマニュアルがあればと考えて現在の会社を設立し、これまで500社を超えるクライアントに向き合ってまいりました。そして、これまでの経験から、マニュアルが組織全体の生産性を向上させると確信しています。

本書は、業務マニュアルを理解し活用するためのガイドブックです。業務の洗い出し方、マニュアルの作成方法について具体的な方法やアドバイスを提供しているだけでなく、マニュアルの更新のやり方や運用方法、マニュアル運用を継続するための組織づくりについても詳しく解説しています。難解な専門用語を避け、わかりやすい表現を積極的に採用し、読む人が感じる困惑や不安が最小限になるよう、やさしく丁寧に解説することを最も大切にしました。

　そして最終章ではさまざまな業務ごとに想定されるマニュアルサンプルを、一部抜粋する形で掲載しました。このマニュアルサンプルには本書で語られる作成ノウハウが盛り込まれています。マニュアルを作成する段階になって、もしも行き詰ることがあれば、このサンプルを参考にしてみてください。

　業務マニュアルはただの指南書ではなく、働く人々の成長を支えるツールだと私は信じています。これからの時代の業務マニュアルと業務のあり方について、ぜひご一読ください。皆様にとって、本書がよりよい仕事への道しるべとなり、成長を支える存在となれば幸いです。

株式会社2.1　代表取締役社長　中山 亮

本書の見方

要点整理 POINT

各項目のポイントをまとめています。要点を把握したうえで本文を読み進めることができます。

ビジュアル図解でわかりやすい

各手続きの流れやしくみなどの詳細を、イラストを交えて説明しています。イメージを視覚的に捉え、内容の把握に役立てることができます。また、キャラクターによる補足コメントもありますので、併せてチェックしましょう。

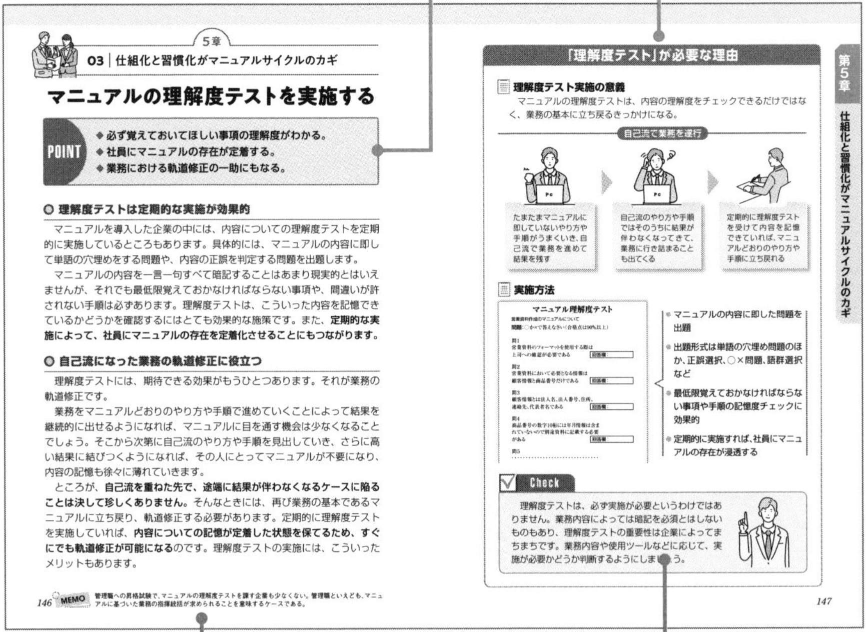

5章

03｜仕組化と習慣化がマニュアルサイクルのカギ

マニュアルの理解度テストを実施する

POINT
- ◆必ず覚えておいてほしい事項の理解度がわかる。
- ◆社員にマニュアルの存在が定着する。
- ◆業務における軌道修正の一助にもなる。

◎ 理解度テストは定期的な実施が効果的

マニュアルを導入した企業の中には、内容についての理解度テストを定期的に実施しているところもあります。具体的には、マニュアルの内容に即して単語の穴埋めをする問題や、内容の正誤を判定する問題を出題します。

マニュアルの内容を一言一句すべて暗記することはあまり現実的とはいえませんが、それでも最低限覚えておかなければならない事項や、間違いが許されない手順は必ずあります。理解度テストは、こういった内容を記憶できているかどうかを確認するにはとても効果的な施策です。また、**定期的な実施によって、社員にマニュアルの存在を定着化させることにもつながります。**

◎ 自己流になった業務の軌道修正に役立つ

理解度テストには、期待できる効果がもうひとつあります。それが業務の軌道修正です。

業務をマニュアルどおりのやり方や手順で進めていくことによって結果を継続的に出せるようになれば、マニュアルに目を通す機会は少なくなることでしょう。そこから次第に自己流のやり方や手順を見出していき、さらに高い結果に結びつくようになれば、その人にとってマニュアルが不要になり、内容の記憶も徐々に薄れていきます。

ところが、**自己流を重ねた先で、途端に結果が伴わなくなるケースに陥ることは決して珍しくありません。**そんなときには、再び業務の基本であるマニュアルに立ち戻り、軌道修正する必要があります。定期的に理解度テストを実施していれば、**内容についての記憶が定着した状態を保てるため、すぐにでも軌道修正が可能になる**のです。理解度テストの実施には、こういったメリットもあります。

146 MEMO 管理職への昇格試験で、マニュアルの理解度テストを課す企業も少なくない。管理職といえども、マニュアルに基づいた業務の指揮統括が求められることを意味するケースである。

「理解度テスト」が必要な理由

理解度テスト実施の意義

マニュアルの理解度テストは、内容の理解度をチェックできるだけではなく、業務の基本に立ち戻るきっかけになる。

実施方法

Check

理解度テストは、必ず実施が必要というわけではありません。業務内容によっては暗記を必須とはしないものもあり、理解度テストの重要性は企業によってまちまちです。業務内容や使用ツールなどに応じて、実施が必要かどうか判断するようにしましょう。

147

第5章 仕組化と習慣化がマニュアルサイクルのカギ

内容の補足 MEMO 用語

関連する専門用語や本文内容への補足事項などを、欄外で解説しています。

重要なポイント Check

本文や図版を補足する情報や、プラスαとなる知識など役に立つ情報が満載のコーナーです。

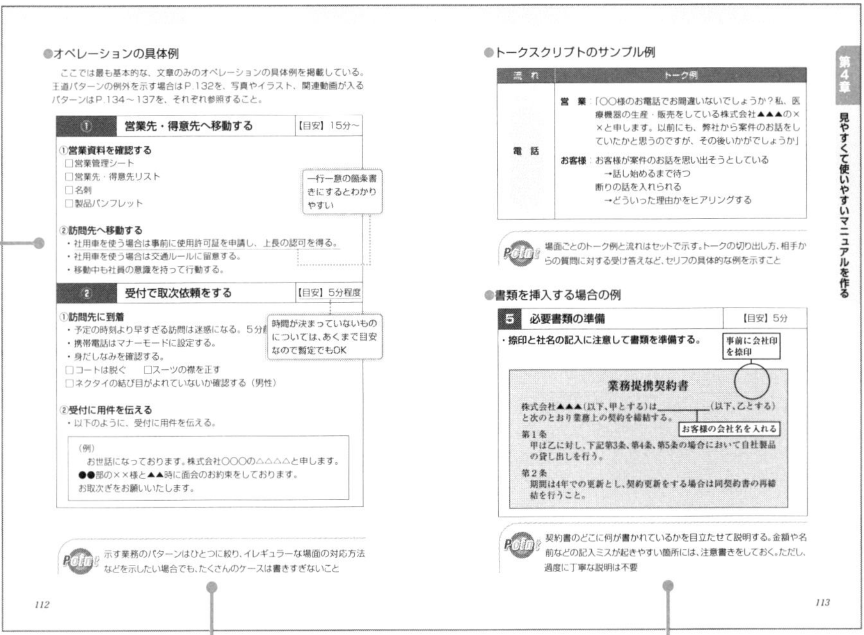

●オペレーションの具体例

ここでは最も基本的な、文章のみのオペレーションの具体例を掲載している。王道パターンの例外を示す場合はP.132を、写真やイラスト、関連動画が入るパターンはP.134～137を、それぞれ参照すること。

①	営業先・得意先へ移動する	【目安】15分～

①営業資料を確認する
□営業管理シート
□営業先・得意先リスト
□名刺
□製品パンフレット

一行一意の箇条書きにするとわかりやすい

②訪問先へ移動する
・社用車を使う場合は事前に使用許可証を申請し、上長の認可を得る。
・社用車を使う場合は交通ルールに留意する。
・移動中も社員の意識を持って行動する。

②	受付で取次依頼をする	【目安】5分程度

時間が決まっていないものについては、あくまで目安なので暫定でもOK

①訪問先に到着
・予定の時刻より早すぎる訪問は迷惑になる。5分
・携帯電話はマナーモードに設定する。
・身だしなみを確認する。
□コートは脱ぐ　□スーツの襟を正す
□ネクタイの結び目がよれていないか確認する（男性）

②受付に用件を伝える
・以下のように、受付に用件を伝える。

（例）
お世話になっております。株式会社○○○の△△△△と申します。
●●部の××様と▲▲時に面会のお約束をしております。
お取次ぎをお願いいたします。

Point 示す業務のパターンはひとつに絞り、イレギュラーな場面の対応方法などを示したい場合でも、たくさんのケースは書きすぎないこと

112

●トークスクリプトのサンプル例

流れ	トーク例
電話	営業：「○○様のお電話でお間違いないでしょうか？私、医療機器の生産・販売をしている株式会社▲▲▲の××と申します。以前にも、弊社から案件のお話をしていたかと思うのですが、その後いかがでしょうか」 お客様：お客様が案件のお話を思い出そうとしている →話し始めるまで待つ 断りの話を入れられる →どういった理由かをヒアリングする

Point 場面ごとのトーク例と流れはセットで示す。トークの切り出し方、相手からの質問に対する受け答えなど、セリフの具体的な例を示すこと

●書類を挿入する場合の例

5	必要書類の準備	【目安】5分

・捺印と社名の記入に注意して書類を準備する。

事前に会社印を捺印

業務提携契約書
株式会社▲▲▲（以下、甲とする）は＿＿＿＿（以下、乙とする）と次のとおり業務上の契約を締結する。
お客様の会社名を入れる
第1条
甲は乙に対し、下記第3条、第4条、第5条の場合において自社製品の貸し出しを行う。
第2条
期間は4年での更新とし、契約更新をする場合は同契約書の再締結を行うこと。

Point 契約書のどこに何が書かれているかを目立たせて説明する。金額や名前などの記入ミスが起きやすい箇所には、注意書きをしておく。ただし、過度に丁寧な説明は不要

第4章 見やすくて使いやすいマニュアルを作る

113

マニュアル例

第４章と第６章では具体的な業務内容にまつわるマニュアル例を抜粋して掲載。マニュアルを書く際の注意事項やアドバイスなど、ポイントをコメントで解説しています。

ポイント Point

マニュアルを作る際の要点をまとめています。各項目における考え方や手法を整理することができます。

コラム COLUMN

マニュアルに関するコラムを掲載。「伝統芸能もマニュアル化できるのか？」などの興味深いテーマを扱っており、読み応えたっぷりの内容となっています。

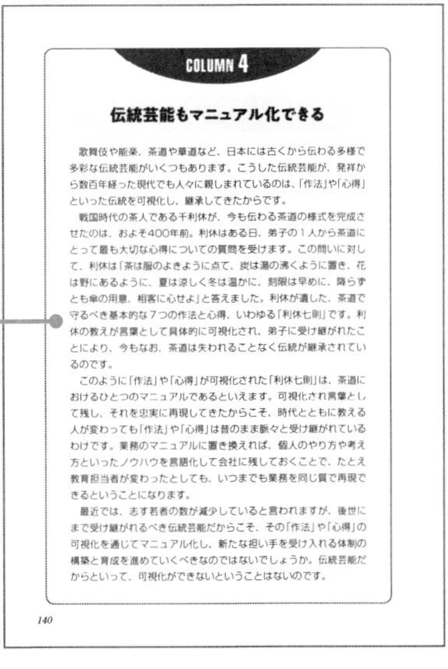

COLUMN 4

伝統芸能もマニュアル化できる

歌舞伎や能楽、茶道や華道など、日本には古くから伝わる多様で多彩な伝統芸能がいくつもあります。こうした伝統芸能が、発祥から数百年経った現代でも人々に親しまれているのは、「作法」や「心得」といった伝統を可視化し、継承してきたからです。

戦国時代の茶人である千利休が、今も伝わる茶道の様式を完成させたのは、およそ400年前。利休はある日、弟子の１人から茶道にとって最も大切な心得についての質問を受けます。この問いに対して、利休は「茶は服のよきように点て、炭は湯の沸くように置き、花は野にあるように、夏は涼しく冬は温かに、刻限は早めに、降らずとも傘の用意、相客に心せよ」と答えました。利休が遺した、茶道で守るべき基本的な７つの作法と心得、いわゆる「利休七則」です。利休の教えが言葉として具体的に可視化され、弟子に受け継がれたことにより、今もなお、茶道は失われることなく伝統が継承されているのです。

このように「作法」や「心得」が可視化された「利休七則」は、茶道におけるひとつのマニュアルであるといえます。可視化され言葉として残し、それを忠実に再現してきたからこそ、時代とともに教える人が変わっても「作法」や「心得」は昔のまま脈々と受け継がれているわけです。業務のマニュアルに置き換えれば、個人のやり方や考え方といったノウハウを言語化して会社に残しておくことで、たとえ教育担当者が変わったとしても、いつまでも業務を同じ質で再現できるということになります。

最近では、志す若者の数が減少していると言われますが、後世にまで受け継がれるべき伝統芸能だからこそ、その「作法」や「心得」の可視化を通じてマニュアル化し、新たな担い手を受け入れる体制の構築と育成を進めていくべきなのではないでしょうか。伝統芸能だからといって、可視化ができないということはないのです。

140

目次

図解 いちばんやさしく丁寧に書いた 業務マニュアルの作成

はじめに …… 2

本書の見方 …… 4

第1章
マニュアルを作れば業務がラクになる！

マニュアルを作ることのメリット …… 14
業務の知識を財産として残す

小さい会社にもマニュアルは必要 …… 16
小さい会社こそマニュアルを作るチャンス

チェックリストとマニュアルは別物 …… 18
チェックリスト・取扱説明書・マニュアルの違い

マニュアルは「守破離」の「守」 …… 20
“王道パターン”の再現をマニュアルで

フォーマットを用意すれば簡単 …… 22
フォーマットを用意することのメリット

悩む・迷う・やり直すがなくなる …… 24
マニュアルが仕事に余裕をもたらす

あらゆる場面で活用できる！ …… 26
マニュアルが使えるのは人材教育だけではない

マニュアルで社員と会社が成長 …… 28
社員と会社の成長を促す基盤になる

すべての業務はマニュアル化できる！ …… 30
雑務や日課もマニュアルにできる

コラム 1 楽譜は身近にあるマニュアルの一種？ …… 32

目 次

第2章
マニュアルの鉄則！ マニュアルサイクル

「よいマニュアル」のコンセプト …… 34
再現性・検索性・法則性について

目的×結果×行動を示せ！ …… 36
マニュアルの「型」に必要な3要素

マニュアルサイクルを実践する …… 38
マニュアルの作成・運用・更新について

業務を洗い出そう …… 40
マニュアル作成前の可視化段階

ルールとゴールの設定 …… 42
効率的に可視化を進めるポイント

作成の社内体制を整える …… 44
作成担当者の選定をする

可視化のスケジュールを決める …… 46
作成期間は1週間から1ヶ月が理想

社内での共有方法を考える …… 48
電子と紙、それぞれのメリット・デメリット

最初から完璧を目指さない！ …… 50
出来上がったマニュアルはまず共有する

運用を仕組化する理由 …… 52
作ったマニュアルを「使っていく」ためには

仕組化に必要な3要素① マニュアル管理会 …… 54
マニュアル管理会にはマネージメント担当者を入れる

仕組化に必要な3要素② 導入説明会 …… 56
導入説明会での重要なポイント

仕組化に必要な3要素③ 運用のルール設計 …… 58
運用するうえでのルールを決める

目次

更新しやすいマニュアルにする …… *60*
フォーマットが更新のしやすさのかなめ

更新は忘れずに行うこと …… *62*
マニュアルが根付いた環境にするために

コラム 2 **業界によってはマニュアル化したがらない人もいる** … *64*

第3章
マニュアル準備シートで可視化を始めよう!

可視化を進める流れ …… *66*
業務の可視化の3段階

「階段化」を意識する …… *68*
マニュアルを使う人のレベルに合わせる

マニュアル化する業務を明確にする …… *70*
いきなり全部の業務をマニュアル化しない

マニュアル準備シートで業務を洗い出す …… *72*
マニュアル準備シートのフォーマットを掲載

マニュアル準備シートの使い方①　概要や人数などを書く …… *76*
具体的に内容を書き出す

マニュアル準備シートの使い方②　問題点や不安点を書く …… *78*
マインド整理の一環として行う

マニュアル準備シートの使い方③　小分類から書き出す …… *80*
業務の体系化のコツ

マニュアル準備シートの使い方④　実働時間を入れる …… *82*
期間と実働時間の違い

マニュアル準備シートの使い方⑤　その他の項目 …… *84*
その他の書き出し項目

目 次

複雑な仕事のマニュアル化 …… 86
一本道の王道パターンをまずは書き出す

成績トップの人のやり方を基準に …… 88
マニュアル作成がイノベーションを起こすきっかけに

コラム3 マクドナルドのマニュアル戦略 …… 90

第4章
見やすくて使いやすいマニュアルを作る

業務実態に即した内容にする …… 92
マニュアルは理想論を示すものではない

マニュアルの文章3原則 …… 94
視認性・可読性・判読性について

マニュアルの構成① 基本の構成要素 …… 96
マインドセット・ワークフロー・オペレーション

マニュアルの構成② マインドセットの作り方 …… 100
マインドセット例の掲載

マニュアルの構成③ ワークフローの作り方 …… 106
ワークフロー例の掲載

マニュアルの構成④ オペレーションの作り方 …… 110
オペレーション例の掲載

フォーマットを用意しておく …… 114
どのようなフォーマットが適しているか具体的に解説

目次と用語集の作り方 …… 118
マニュアルの検索性を高めるポイント

タイトルを決める …… 122
マニュアルの浸透を図る

作成者名の記載は不要 …… 124
作成者の記載は大きな意味を持たない

文のスタイルを使い分ける …… 126
マニュアルにおいて使い分ける文章のスタイル

避けるべき文章表現 …… 128
禁止事項の多用は避ける

文字の強調や色づかいは最小限 …… 130
可読性を高めるマニュアルにする方法

例外ケースや注釈を示す場合 …… 132
"王道パターン"を外れた例外ケースをマニュアルに入れ込む

イラストや写真を効果的に使う …… 134
画像の上手な使い方

動画によるマニュアル …… 136
動画のメリット・デメリット

マニュアルはテストすべきか …… 138
マニュアル作成後にやるべきこと

コラム 4 **伝統芸能もマニュアル化できる** …… 140

第5章
仕組化と習慣化がマニュアルサイクルのカギ

仕組化は習慣化を見据える …… 142
仕組化と習慣化の関係性

読み合わせ会は必須！ …… 144
読み合わせ会のもたらすメリット

マニュアルの理解度テストを実施する …… 146
理解度テストのもたらすメリット

目 次

活用頻度を調べる必要性はない …… 148
マニュアルが使われていないときの問題点

セキュリティ管理のルールを決める …… 150
社内の情報セキュリティポリシーとの関係性

習慣化を始める最適な時期は? …… 152
マニュアルを作成してから3ヶ月目に習慣化

「気づき」がマニュアルを磨く …… 154
社員から「気づき」を集める方法

マニュアル更新時の注意点 …… 156
フォーマットの扱いと更新履歴の扱い

ベストな更新タイミングはいつ? …… 158
常に更新し続けるのがベスト

更新の担当者を決める …… 160
更新の担当者は必ず決めておく

マニュアルの効果的な整理方法 …… 162
マニュアルの整理の方法が使いやすさにも直結する

更新するかゼロから作るか …… 164
ゼロから作るほうが効率的な場合も

作成ノウハウを社内で共有する …… 166
マニュアルの作成を属人化しない

マニュアルを会社の文化にする …… 168
マニュアルに反発する社員への対応方法

マニュアル人間にならないために …… 170
適切なマニュアルで「マニュアル人間」の形成を回避

コラム5 マニュアルに宿る作成者の愛着 …… 172

第6章
業務別マニュアル準備シートとマニュアル例

マニュアル準備シート例――人事採用 …… 174
人事採用マニュアル例 …… 176
マニュアル準備シート例――入社準備 …… 180
入社準備マニュアル例 …… 182
マニュアル準備シート例――災害対策 …… 186
災害対策マニュアル例 …… 188
マニュアル準備シート例――社内システムの使用方法 …… 192
社内システムの使用方法マニュアル例 …… 194
マニュアル準備シート例――営業 …… 198
営業マニュアル例 …… 200

さくいん …… 204
おわりに …… 206

第１章

マニュアルを作れば業務がラクになる！

マニュアルを作ることで得られるメリットは多岐にわたりますが、具体的にはどのような効果があるのでしょうか。業務マニュアルのあり方と、多くのメリットについて解説します。

マニュアルを作ることのメリット …… 14
小さい会社にもマニュアルは必要 …… 16
チェックリストとマニュアルは別物 …… 18
マニュアルは「守破離」の「守」 …… 20
フォーマットを用意すれば簡単 …… 22
悩む・迷う・やり直すがなくなる …… 24
あらゆる場面で活用できる！ …… 26
マニュアルで社員と会社が成長 …… 28
すべての業務はマニュアル化できる！ …… 30

マニュアルを作ることのメリット

POINT

- 「相談できない」「答えがバラバラ」問題を解消。
- 業務の可視化と標準化により効率性と生産性を向上。
- 暗黙知を形式知化して会社の財産として残す。

○ 業務を自主的に進め、生産性の向上を実現する

業務の内容や手順について新人に教える時間がない、人によってやり方が違うので教えにくい、という課題はどこの企業でも起こっていることです。

マニュアルは、業務についての基礎と基本が網羅されているものです。マニュアルがあれば、均質的に教えられるだけでなく、部下が上司に細かく質問することなく自主的に仕事を進められるようにもなります。

最近では、「業務と組織の効率化」や「生産性の向上」が以前にも増して求められています。マニュアルの作成と導入は、そういった目標を実現するにあたっても効果的な施策のひとつになります。

マニュアルの作成によって業務が見える化（可視化）され、マニュアルを社内や部署へ浸透させることで、社員のスキルを一定にする（標準化）ことができます。これにより、すべての社員が同じ目的や手順で業務を進めることができ、業務のクオリティが統一されるわけです。結果として、社員間における業務のムダやムラが解消されるとともに、業務と組織の効率化や生産性の向上にもつながります。

○ スキルやノウハウを言語化し、社内や部署全体で共有する

マニュアルの作成において重要なポイントのひとつが業務の可視化です。言い換えれば、社員が身につけたスキルやノウハウの言語化、つまり**暗黙知を形式知化**する行為です。可視化された業務をマニュアルで明示し、社内や部署全体で共有できれば、もともと“個人”に備わっていたスキルやノウハウを“組織”の知的財産として残すことができます。こうすれば、新人教育や人材育成面ではもちろん、既存社員もマニュアルを「教科書」として活用できるほか、業務が特定の個人に依存する属人化を回避する効果も生まれます。

用語　暗黙知：個人が持つ主観的な知識のこと。一方、形式知とは周囲と共有できる客観的な知識のこと。

マニュアル作成がもたらす3つのメリット

メリット❶ 業務を自主的に進められるようになる

業務内容や手順が書かれたマニュアルがあれば、上司や先輩にひとつひとつ質問することなく、社員が自主的に業務を進められるようになる。

ただし相談や報告は忘れずに!

メリット❷ 業務の効率化と生産性向上

マニュアルによる業務の可視化と標準化を通じて、業務や組織のムダをなくし、効率化と生産性向上を実現できる。

メリット❸ 個人のスキルが組織の財産に

特定の個人のスキルやノウハウを言語化しマニュアルとして運用をすれば、組織の知的財産として残せる。

小さい会社にもマニュアルは必要

POINT
- ◆マニュアルに会社の規模や業務内容は関係ない。
- ◆従業員が増えるとマニュアル整備は大変になる。
- ◆マニュアル整備は人材育成や採用活動に効果あり。

◯ マニュアルは会社の規模が小さいうちに整備するべき

従業員が少ない会社や事業規模の小さい会社、または起業したばかりの小さなベンチャー企業などでは、マニュアルを大企業の社員を統率するためのツールと見なし、自分の会社にはマニュアルは必要ないと考える人も多いと思います。

しかし、**マニュアルに会社の規模や業務内容は関係ありません。**たとえ従業員が2人しか在籍していなくても、マニュアルを作成して業務を標準化し、会社として足並みを揃えておくことは大切です。それに、会社の規模が大きくなってからマニュアルを作成しようとしても、従業員数が増えれば増えるほど、個々人のオリジナルルールができてしまい、業務をマニュアルとしてまとめるのは、時間的にも作業的にも大変になります。マニュアルは、小さい会社だから必要ないのではなく、**小さい会社のうちに作成しておくべき**なのです。

◯ 人材育成の悩みを解消して新人を早期に戦力化できる

小さな会社では、人手や時間が限られるなどの人材育成に関する悩みがつきまといがちです。適切なマニュアルには、人を育て、人を動かす仕組みが備わっています。**マニュアルを利用することで人材育成の悩みは解消され、新人であっても、早期に戦力化できます。**また、こうした人材育成面でのマニュアルの整備は、新しい環境での仕事に不安を抱える求職者にとっても魅力的です。うまくアピールできれば、採用活動にも有利に働くでしょう。

マニュアルは人材と会社の成長基盤そのもの。規模の小さな会社だからこそ、マニュアルを用いて効果的な人材育成や採用活動を進め、会社を成長させるチャンスです。

MEMO 従業員のオリジナルルールが乱立するほど、仕事の属人化は加速する。従業員が少ないうちにマニュアルで業務の標準化を図っておけば、属人化も早期に回避できる。

マニュアルを作成するタイミングは「今」！

規模の小さい中小企業にもマニュアルは不可欠

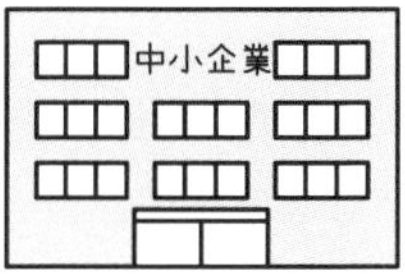

▶マニュアルは、従業員数や業務内容が膨大な会社のみに必要なツールではない。規模が小さいうちにこそ、マニュアルを作成して業務を標準化しておくことが大事

マニュアル作成を後回しにしてしまうと…

- 業務を標準化できず、会社や部署としての足並みが揃わない
- 会社の規模が大きくなると、個々人のオリジナルルールが確立され、時間的にも作業的にもマニュアル作りが大変に

マニュアルが人材育成で大活躍

小さな会社は、人材育成を思うように進められない悩みを抱きがち。業務について余すことなく記載されたマニュアルがあれば、新入社員を短期間で即戦力として成長させることも可能になる。

人材育成の手間を省ける

マニュアルが教科書となって業務を教えてくれるので、教育に割く人員と時間を削減でき、新人を一定のレベルまで押し上げることができる

新人が即戦力に！

マニュアルに書いてあるとおりに作業をこなせば業務が進むようになる。マニュアルに書いていないことや判断できないことのみ相談する

採用面でアピールポイントに！

マニュアルがあることによる社内教育環境の充実は、求職者にとって企業のアピールポイントとして魅力的に映り、採用活動時に有利になる

チェックリストとマニュアルは別物

POINT
- ◆チェックリストには業務の目的や手段が示されていない。
- ◆業務の体系的な理解と実行にはマニュアルが必要。
- ◆マニュアルは「使用者側の観点」で作成する。

○ チェックリストで示されるのは業務の結果のみ

業務の目的や手順を示すのであれば、「チェックリストを用意すればいい」と考える人もいることでしょう。確かに、チェックリストには実行すべき事柄が示されています。たとえば、営業のチェックリストなら、「テレアポをする」「資料を作成する」といった項目があり、それらをクリアできればチェックをし、次のステップに進むという使い方です。

しかしチェックリストに記載された項目の多くは、目的や手順ではなく結果です。テレアポや資料の作成という結果自体はわかっても、「何のために資料を作成するのか」「どのようにテレアポをするか」などの目的や手順については示されていないのです。チェックリストのとおりに業務を進めているつもりでも、その実態はチェック自体が作業化し、それぞれの項目を正確に実行できていないということはよくあるケースです。

一方、**マニュアルには業務の目的や結果に至るまでの手順までが示されています。**業務を体系的に理解して進めるためには、やはりマニュアルの作成が必要なのです。

○ 取扱説明書とマニュアルの違い

マニュアルというと、取扱説明書をイメージする人もいますが、これらには明確な違いがあります。取扱説明書に書かれている内容は、主に製品の構造や機能、使い方であり、使うタイミングや状況などについては触れられていません。いわば**「製作者側の観点」で書かれている**わけです。

対して、マニュアルはそれらの機能を業務にどう活かすかについて触れています。使う人が時間をより効率的に使い、どれだけ業務をラクにできるかの説明、つまり**「使用者側の観点」で書かれている**のです。

MEMO 「読まなくても使える」という意識から、取扱説明書は一度も開かれずに片付けられがち。マニュアルは、業務を確実にラクにする役割を果たせるよう、必ず読まれる内容に仕上げなければならない。

チェックリスト・取扱説明書・マニュアルの違い

3つの資料の特徴

チェックリスト

- 結果しか記載されていない
- 業務の目的や手順はわからない
- チェックをする行為そのものが作業化してしまいがち

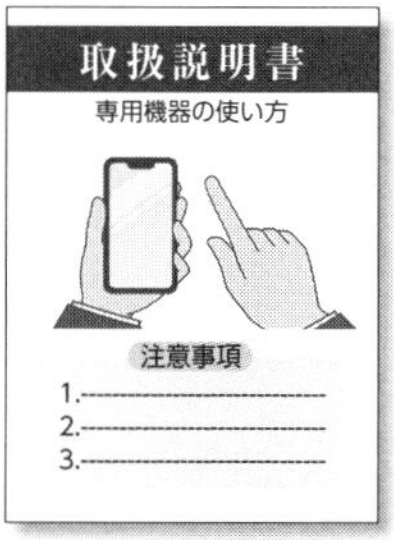

取扱説明書

- 機器の機能や構造の説明はされている
- 使用するタイミングや状況については書かれておらず、製作者側の観点で書かれている
- 業務や作業を効率化させる役割は果たせない

マニュアル

- 結果だけでなく、目的や結果に至るまでの手順についても説明されている
- 読むことで業務や作業をラクに進められ、業務効率化につながる
- 使用者側の観点で作られている

Check

業務に慣れてくると、チェックリストを見なくても作業がこなせるようになり、チェックを入れる行為が形だけのものになることがあります。業務を正しく遂行できていればまだよいのですが、慣れていない人は「結果」しか書かれていないチェックリストだけでは、業務の遂行ができない可能性もあります。

04 | マニュアルを作れば業務がラクになる！

マニュアルは「守破離」の「守」

POINT

- ◆新人教育は、「守破離」の「守」の段階。
- ◆「守」では、“王道パターン”を確実に再現する。
- ◆「守」から「破」、「離」への発展も求められる。

○「守」を実現するためのツールがマニュアル

日本の柔道や茶道といった、武道や芸事の修行における過程を示す言葉に守破離《しゅはり》というものがあります。

「守」　師匠や流派の教えを忠実に守り実行する段階。

「破」　師匠や流派の教えを守りながらも、ほかの教えや技法も取り入れ、独自の型を見出す段階。

「離」　師匠や流派の型から離れ、独自の流派や流儀を確立させる段階。

マニュアルはこの流れのうち、**基礎の段階である「守」を実現しやすくするツールです。**

○ 新人教育における「守破離」

新人教育を例に挙げて考えてみましょう。新入社員にとって、師匠や流派の教えとは、仕事のやり方やコツといった、上司や先輩から学ぶ仕事の基本が当てはまります。この仕事の基本は、会社とこれまでの社員が試行錯誤を繰り返して積み重ねてきたノウハウの結晶であり、業務において最も成功率の高い“王道パターン”でもあるのです。

新入社員にとっての守破離の「守」とは、上司や先輩から教えられたこの“王道パターン”を忠実に守り再現する段階。ですので、新人教育のマニュアルは、**会社や業務の“王道パターン”が示されていて、なおかつそれらを確実に再現できるツールである必要があります。**

もちろん、いつまでも「守」の段階にとどまっていては、それ以上の成長は見込めません。マニュアルで“王道パターン”をしっかりと身につけたあとは、より効率的な方法や生産性を上げる手法を探求し、マニュアルにも反映します。自身とともにマニュアルも成長させていくのです。

MEMO　「型破り」という言葉があるが、型が身についていないまま実行しても、それは単なる「形なし」。「型」である基礎や基本を確実に理解・実行できるようになって、初めて「型破り」できる。

「守」を極め、「破」から「離」へ

マニュアルにおける「守破離」

マニュアルには、業務の“王道パターン”が記されている。マニュアルどおりに業務を進める段階は、まさに「守破離」における「守」にあたる。

武道・芸事		仕事・業務
師匠の教えを徹底的に守り忠実に実行する段階。師匠から「型」を学び、鍛錬と修業を積む。修行の始まりは「守る」ことから	守	上司や先輩が築いた「型」であるマニュアルを読み込んで、そのとおりに行動し、業務の“王道パターン”を確実に再現し続ける
師匠からの教えとほかの流派から学んだことを自分の中で照らし合わせ、自分に合った「型」を見出して従来を「破る」段階	破	基礎から発展して各業務に特化したやり方やコツを上司や先輩から学び、マニュアルと照らし合わせて自分のやり方を見出す
独自の流派や流儀を確立する段階。既存の型にとらわれることなく、自分自身の型を見出しその道を極め、新たな流派を生む	離	培った経験や知識を基にしてより効率的なやり方を探求してマニュアルにも反映し、マニュアルと自身を成長させていく

Check

人は業務に慣れてくると基礎をねじ曲げ、自分のやり方で業務を進め、その影響でミスや不振に陥りがちです。どれだけキャリアを積んでもときどきマニュアルを読み、初心に立ち戻りましょう。マニュアルはそのようにして、基本に立ちかえる用途でも利用できます。

05 | マニュアルを作れば業務がラクになる！

フォーマットを用意すれば簡単

POINT

- ◆マニュアルはフォーマットにそって作成する。
- ◆マニュアル導入の目的である運用面を意識する。
- ◆「読みやすさ」を実現できるような工夫を。

○ フォーマットには4つの絶対条件がある

マニュアルの作成にあたって用意したいのがフォーマットです。フォーマットがあれば、内容を書き込むだけで完成できるというメリットがあるのはもちろんですが、それだけではありません。

マニュアルを作成する際には**「習得しやすいこと・教えやすいこと・探しやすいこと・更新しやすいこと」**という４つの絶対条件を考慮する必要があります。そして、この条件を実現する要素が「目的・結果・行動」です。これらについては第２章で詳しく解説しますが、**フォーマットに「目的・結果・行動」の３要素を盛り込むことで、読む人が４つの条件をクリアできるマニュアルに仕上がる**のです。

○「読みにくい要素」はとことん排除

フォーマットを用意するもうひとつの理由は、**「読みやすさ」を実現するため**です。マニュアルの失敗例としてよくあるのが、デザインやレイアウト、用紙がバラバラなほか、作成担当者が複数名いる、または変更されたことによって作りにムラがあり、「読みにくい」仕上がりになってしまっているということ。マニュアルの目的は、作成だけではなくその先の運用を通した業務改善のはずです。「読みにくい」仕上がりでは、読み手は手に取るのも億劫になり、真の目的を果たせないまま放置されてしまいます。

デザインやレイアウトが統一されたフォーマットを用意しておけば、誰が作ってもシンプルで読みやすく、そして運用しやすいマニュアルを完成させることができます。そして、フォーマットを作成してしまえば、マニュアル作成のハードルがぐっと低くなるのです。マニュアルのフォーマットについては、第４章のＰ.114で見本とともに詳しく解説します。

MEMO　マニュアルの運用には、内容の更新も含まれる。時代が移り変わり、業務内容の修正が必要な場合などでも、統一されたフォーマットがあればスムーズに更新を進められる。

フォーマットがあるとマニュアル作成がラクに

理想的なマニュアル

- 「習得しやすい」「教えやすい」「探しやすい」「更新しやすい」
- 「目的」「結果」「行動」の3要素が盛り込まれている
- 誰が手に取っても読みやすいレイアウトやデザインが施されている

マニュアル作成には、フォーマットが不可欠

理想的なマニュアルに仕上げるためにも、必須要素が含まれたフォーマットを用意する。

フォーマットのないマニュアル

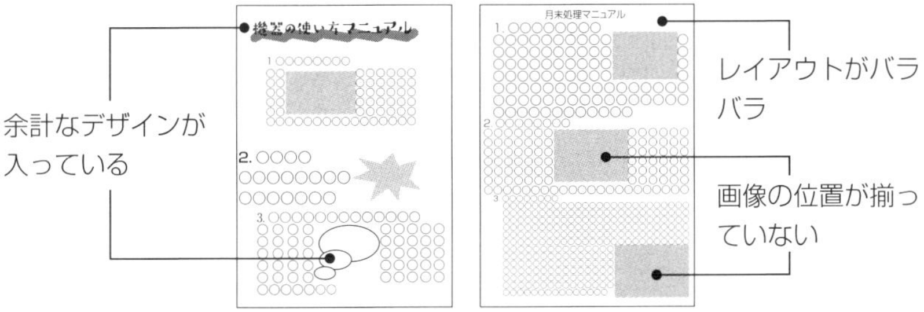

フォーマットに即したマニュアル

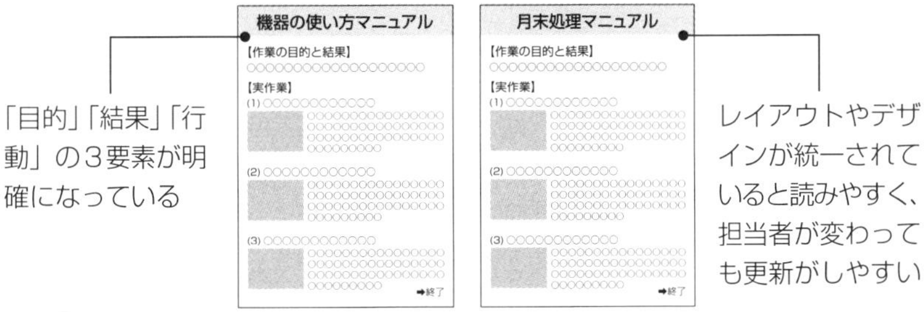

Check

そもそもマニュアルの作成経験のない会社に、マニュアル作成の達人は存在しません。そこで、スムーズに作成を進められるようフォーマットを用意しておきます。こうすれば、作成だけでなく更新時にも滞りが生じる心配もないでしょう。フォーマットはそういった意味合いでも必要不可欠です。

06 | マニュアルを作れば業務がラクになる！

悩む・迷う・やり直すがなくなる

POINT

- ◆仕事の生産性を落とす３つの要因が解消される。
- ◆時間的に余裕のある働き方ができるようになる。
- ◆「探求」「創意工夫」「新発想」の実現につながる。

○ 時間の有効活用をもたらす効果あり

マニュアルの導入が決定すると、「これからはマニュアルどおりにしか仕事を進められないのか」とか、「もう自由な発想で仕事はできないだろうな」と心配する人もいるかもしれません。しかしその心配は、まったくもって無用です。**マニュアルは仕事の生産性を落とす「悩む」「迷う」「やり直す」の3つの要因をなくすことで、時間を最大限に有効活用できるよう手助けしてくれるツールです。**

○ クリエイティブな行動に注力できる

業務を進める中で、「悩む」「迷う」「やり直す」を経験したことがある人は少なくないはずです。営業であれば、取引先との商談を前に「どこまでをどの順番で話そうか」「ネガティブな反応には、どう切り返そうか」「必要な情報の抜けを理由に資料の作り直しを指示された」といった経験です。業務中にそのような「悩む」「迷う」「やり直す」が生じ、それらの思案と対処に時間を使ってしまうことで、結局業務を予定どおりに進められなかったというのは、珍しいケースではありません。

しかしマニュアルに業務の方法や手順が事細かく記載されていたらどうでしょうか。マニュアルに従って淡々と進めていけばいいだけなので、「悩む」「迷う」「やり直す」が生じないのは明らかです。また、時間的な余裕ができるため、**「探求する」「創意工夫する」「新発想を生み出す」**など、クリエイティブな行動に注力できるようにもなります。

このように、マニュアルは「マニュアル人間にする」「自由度を奪う」ものではなく、**業務上の「悩む」「迷う」「やり直す」を解消し、働き方そのものに余裕を生み出すツール**なのです。

MEMO 特に「どうやってこの社内システムを使うのだろうか」といった技術的な面での「悩む」「迷う」「やり直す」は、時間のムダを生みやすい。

マニュアルを導入して働き方を変革!

マニュアルは「自由度を奪う」ものではない

マニュアルは業務の中で生まれる「悩む」「迷う」「やり直す」をなくし、「探求する」「創意工夫する」といった生産性を高める時間を与えるツール。

マニュアルが導入されていないケース

商談で、どう話を進めていけばいいのだろう…

あの機能はどうやって使えばいいんだっけ…

提案のし直しが必要になった…

また残業になりそう…

▶マニュアルがないことで悩みや余計な業務が増えてしまい、本来の業務の効率性と生産性の低下を招くことになる

適切なマニュアルが導入されたケース

必要な情報が適切に記載されたマニュアルに従えば、悩むことなく業務ができ、やり直す必要もない

「悩む」「迷う」「やり直す」が解消され、時間的にも精神的にも余裕を持って仕事を進められるようになり、効率的な業務を実現できる

▶業務に余裕ができ、「探求する」「創意工夫する」「新発想を生み出す」といった思考や行動を起こせる。結果、組織の生産性の向上につながる

07｜マニュアルを作れば業務がラクになる！

あらゆる場面で活用できる！

POINT
- ◆人事評価のバラツキを防ぐ。
- ◆リモートワークにおける評価材料として役立つ。
- ◆上司と部下のコミュニケーションツールになる。

○ 業務の遂行時や人材教育に役立つだけではない

マニュアルは、業務の効率化と生産性の向上を図るうえで、社員の能動的な行動の促進、さらには人材育成の教科書としても役立つということは既に説明したとおりですが、ほかにもマニュアルを活用できる場面はいくつもあります。

たとえば人事考課。多くの会社が期初に目標を設定し、期末に目標達成度を評価する仕組みを運用していますが、評価基準が明確に定められていないと、評価するマネージャーと評価される部下ともに、曖昧な基準から生じる評価のバラツキに不安や不満を募らせることにもなりかねません。そのような場合に、評価の可視化と標準化がされた「人事考課マニュアル」があれば、**評価基準は統一され、評価のバラツキも解消される**でしょう。

この点は、リモートワークの評価にも通じるものがあります。リモートワークでは、部下の働きぶりが見えないため、結果のみが評価対象になります。そこで、はっきりと結果設定されたマニュアルがあれば、**社員の進捗状況や進め方を判断でき、その達成度に応じた評価ができるようになるわけです。**

○ マニュアルはコミュニケーションツールにもなる

また、直接的に業務へと直結した活用方法とはいえませんが、マニュアルは上司と部下のコミュニケーションツールとしても有用です。マニュアルの内容について、「この手順は非効率、この目的と結果は矛盾しているのでは？」などと話し合いができれば、仕事への真剣な姿勢が伝わるだけでなく、結果的にマニュアルを進化させ、**さらなる業務の効率化や生産性の向上につながるのです。**マニュアルが活きる場面は、業務の遂行や人材育成面だけとは限りません。

MEMO　マニュアルは事業承継のおともにもなる。事業承継にあたっては、不採算部門や人員整理といった改革を求められる場合があるが、マニュアルが整備されていれば、業務上の課題をすぐに把握できる。

マニュアルの活用場面はひとつではない！

マニュアルの活用場面

マニュアルは業務の遂行時や人材育成以外にも複数の場面で活用できる。

業務の棚卸・業務改善

現在進めている業務の棚卸が可能になる。結果として業務の見直しが行え、業務改善を図ることができる

人材育成

新人育成の教科書になる。読むだけで業務内容を把握し実行に移せるようになるため、新人が業務の即戦力になる

社員の価値観統一

社員の業務に対する価値観が統一されることで、会社や部署の意思疎通がスムーズになる

人事考課

人事評価の基準を明確化できる。評価のバラツキが解消できるため、評価する側の悩みも、評価される側の不満も抑えられる

リモートワーク

マニュアルで業務内容を学べるほか、マニュアルに記載された内容を段階ごとに分けて、仕事の進行度をチェックしたり、評価することができる

コミュニケーションツール

上司や先輩と部下が共通の話題となるマニュアルの内容について、意見を交わせるようになるため、コミュニケーションの活発化も図れる

マニュアルで社員と会社が成長

POINT
- ◆マニュアル導入の本質は社員と会社の成長促進。
- ◆既存社員と新人社員それぞれにメリットがある。
- ◆会社は経営の効率化を実現できる。

○ マニュアルは社員の自主性を高める

マニュアルは、作成することが最終目的ではありません。**作成したものを、社員と会社が運用を続けていくことで、それぞれの成長を促す。**それこそがマニュアル導入の本質です。

マニュアルがあれば、作成者も含む既存社員はいつでも業務の基本を確認できるので、仕事で思うように成果が出ない場合や、我流のやり方に走りがちで結果が伴わなくなった状況を、自ら修正することが可能になります。退職や異動で担当者が抜けた場合には、慌てることなく業務をカバーできる環境も整うでしょう。また、新入社員は自主的に業務を学べ、行動に移せるようになります。マニュアルは、既存社員と新入社員の各々が成長を遂げるための、ツールのひとつになるのです。

○ 会社を成長させる基盤にもなる

会社側にとってもマニュアルは、成長への基盤になります。たとえば、マニュアル作成の第一歩は業務の洗い出しですが、この段階では、業務自体を見直す機会にもなります。「自社の強みと弱み」や「業務の要否」「人的管理」など、組織そのものを可視化することができ、結果として業績の振れ幅を抑える効果が期待できるようになるわけです。

また、**社員の業務に対する不満や愚痴が、マニュアルを更新させる提案へと変わり、ひいては会社の知的財産としても蓄積されていきます。**この流れを確立できれば、社員はマニュアルの更新が自身の評価や成長につながると実感し、さらに前向きな姿勢で業務に取り組むようになるでしょう。

マニュアルによって、社員が自主的に思考し行動できる企業文化が根付くのです。

MEMO　会社の業績や社員の業務内容は、災害や景気、法改正などに影響を受けて左右される場合もあるが、マニュアルが適切に整備されていれば、業績も業務も安定を維持できる可能性が高まる。

マニュアルで社員と組織が成長する理由

すべての社員がマニュアルで成長できる

マニュアルを導入すると、新入社員と既存社員の双方にメリットがある。

新入社員

- 指示待ち人間にはならず、自主的に行動をとれるようになる
- 自らステップアップできる
- 短期間の研修で現場に出られる

既存社員

- いつでも業務の基本に立ち戻れる
- 結果が出せない場合に、自らのやり方を修正できる
- 既存社員に欠員が生じても、業務の穴埋めが可能

会社の成長につながる

マニュアルが基盤となって業務を見直すきっかけを作り、効率的な経営管理の確立へつながる。

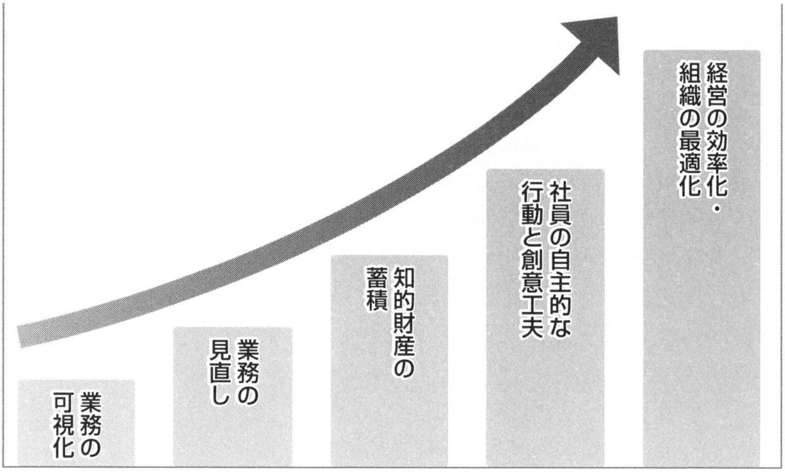

09 | マニュアルを作れば業務がラクになる！

すべての業務はマニュアル化できる！

POINT

- ◆ どのような業務にも「目的・結果・行動」が備わる。
- ◆ 業務内容を洗い出せば３要素を定義できる。
- ◆ 業務以外の行為もマニュアル化できる。

◎ マニュアル化できない業務は存在しない

会社には複数の業務があります。「営業」「経理」「総務」「人事」など、会社の規模や事業内容によって業務内容や設置される部署はさまざまです。しかし、どのような部署の業務であっても、どれだけ細分化されていても、それらはすべてマニュアル化することができます。

その理由は、**すべての業務に「目的・結果・行動」の３要素が備わっている**からです。「その業務を行う目的」「その業務で求められる結果」そして「その業務の詳細な行動手順」。マニュアルにはこの３要素が示されている必要があり、営業でも経理でも、飲食店でも清掃業でも、どんな業務でも必ずこれらを明確化できます。ですから、**業務内容をしっかりと洗い出し、３要素を定義する**こと。その条件さえクリアできれば、どのような業務でもマニュアル化が可能になります。

◎ 掃除やデスクの整理だってマニュアル化できる

マニュアル化できるのは、業務だけにとどまりません。たとえば、オフィスでのあいさつといったビジネスマナーや、備品やデスク周りの整理整頓など、**業務前後の準備や日課などもマニュアル化が可能です。**

オフィスでのあいさつを例に挙げれば、目的を「ビジネスでのよい人間関係を築く」、求める結果を「自分からあいさつし、コミュニケーションができた」、そして行動で「①口角を上げて表情豊かにし、②お腹から声を出すことを意識して、③背筋を伸ばして相手に顔を向けて、④あいさつする」と詳細に示せば３要素が入ったマニュアルに仕上がります。

日々行う準備や日課もマニュアル化すれば、業務と同じくムリ・ムダ・ムラのある行動や動作がわかり、それらの改善に役立つことでしょう。

MEMO 職場での行為だけでなく、キッチン掃除やお風呂掃除など、日常生活のあらゆる行為もマニュアルにして効率化できる。可視化することで時間の使い方を整理できる。

マニュアル化可能な業務や行為

すべてマニュアル化は可能

会社のどのような業務でも、マニュアル化は可能。業務のみならず、業務前後の掃除や整理整頓などの行為もマニュアルにすることができる。

営　業
- アポイントメント
- 資料作成
- 商談・プレゼン
- アフターフォロー

経　理
- 給与計算
- 買掛・売掛金管理
- 請求書作成
- 決算書作成

総　務
- 備品管理
- 施設管理
- 文書管理
- 社内行事の企画・運営

人　事
- 労務管理
- 組織開発
- 採用活動
- 研修の企画・実行

「目的・結果・行動」を明確化

すべてマニュアル化できる！

「目的・結果・行動」を明確化

業務前後の行為
- フロア・トイレなどの掃除
- デスク周りなどの整理整頓
- 必要品の買い出し

ビジネスマナー
- 名刺の渡し方
- 服装のチェック
- メモの取り方
- メールの書き方

会社としてのルール
- 交通費の申請
- 勤怠システムの使い方
- 届け出の記入

COLUMN 1

楽譜は身近にあるマニュアルの一種？

楽譜は、楽曲を一定のルールに基づき、記号や数字によって表したものです。ある程度の知識や経験、それにテクニックが必要にはなりますが、いつの時代のものであろうと楽譜に従って楽器を演奏すれば、誰もが楽曲を再現できるようになります。100年以上前の楽曲を現代の人々が演奏し、クラシックの名曲を楽しむことができるのは、楽譜が残されてきたからです。

ところで、「一定のルールに基づいた楽譜に従って楽器を演奏すれば、誰もが楽曲を再現できるようになる」、というのは何だかマニュアルに似ています。マニュアルも同じように、「一定のルールに基づいたやり方や手順に従って進めれば、誰もが業務を再現できるようになる」ものです。そういう意味では、楽譜もマニュアルの一種だといえるでしょう。もしも楽譜が残されておらず、当時の演奏を聴いた人によってそのメロディやリズムが口頭だけで伝えられてきたとしたら、おそらく皆さんが知っている曲とはまったく違ったものになっていたことでしょう。楽譜に曲の旋律や強弱の付け方が正確に書き表されているからこそ、往年の作曲家たちの名曲を、オリジナルに近い状態で再現できているわけです。

ただし楽譜には、作曲者の「考え」や「思い」は必ずしも示されているわけではありません。どんな思いで、何を思い浮かべながら作曲したのかがわからないため、作曲者が表現したかったとおりの演奏は誰にもできないのです。いわば、どれだけ楽曲を再現できても、オリジナルとまったく同じ質にはたどり着けないということ。一方でマニュアルには作成者や会社の「考え」や「思い」が明示され、それに基づいた業務の手順が示されており、それらを同じように再現することで誰もが同質の結果にたどり着けるようにします。そういった違いから、楽譜はマニュアルに限りなく近い“準マニュアル”と呼ぶのが正しいのかもしれません。

第2章

マニュアルの鉄則！マニュアルサイクル

マニュアルは作成して終わりではなく、運用と管理・更新が必要になります。マニュアルの作成から更新までの流れを「マニュアルサイクル」にそって確認しましょう。

「よいマニュアル」のコンセプト ……… 34
目的×結果×行動を示せ！ ……… 36
マニュアルサイクルを実践する ……… 38
業務を洗い出そう ……… 40
ルールとゴールの設定 ……… 42
作成の社内体制を整える ……… 44
可視化のスケジュールを決める ……… 46
社内での共有方法を考える ……… 48
最初から完璧を目指さない！ ……… 50
運用を仕組化する理由 ……… 52
仕組化に必要な3要素①　マニュアル管理会 ……… 54
仕組化に必要な3要素②　導入説明会 ……… 56
仕組化に必要な3要素③　運用のルール設計 ……… 58
更新しやすいマニュアルにする ……… 60
更新は忘れずに行うこと ……… 62

「よいマニュアル」のコンセプト

POINT
- ◆「再現性」＝「業務遂行のしやすさ」
- ◆「検索性」＝「情報の探しやすさ」
- ◆「法則性」＝「結果の出しやすさ」

◯ よいマニュアルの条件

マニュアルを作成しても、読み手によって行動にムラが出たり、結果にバラツキが出てしまっては、「よいマニュアル」とはいえません。「よいマニュアル」とは、**業務の目的に応じた行動が明示され、求められる結果をすべての読み手が的確に再現できるもの**です。この条件を満たすために、マニュアルは以下の３つの方針を意識して作成します。

◯ ３つのコンセプトでマニュアルを作ろう！

● 再現性

「再現性」とは、求められる結果を読み手が正しく理解し、それに向けて適切に行動できること。つまり**「業務遂行のしやすさ」**を意味します。業務の開始から定められた結果へと真っ直ぐ向かえるように、その業務を正確に再現できる手順が示されていなければなりません。

● 検索性

「検索性」は、**「情報の探しやすさ」**を意味します。探したい情報が見つけやすい構造であれば、読み手はどこに何が書かれているのかがすぐにわかり、マニュアルの利便性が向上します。この検索性の確保に必要なのが目次です。マニュアルには、必ず目次を入れるようにします。

● 法則性

「法則性」とは、**行動の基準となる考え方や、業務遂行の王道パターンとルールからなる「結果の出しやすさ」**のことです。マニュアルに書かれたことを正確に実行に移しても、求められる結果を出せなければ意味はありません。仕事が成功する王道が書かれている必要があります。それが「法則性」です。

MEMO　「検索性」を高めるために必要なのは目次と用語集。これらの作成方法と具体例は、第４章のP.118〜P.121で詳しく解説する。

よいマニュアルであるための条件

利便性が高いマニュアル

よいマニュアルにするには、以下の3つのコンセプトを意識して作成する。

再現性

誰がマニュアルを読んでも同じように適切な行動をとれる。作業内容を正確に再現できる

検索性

知りたい情報をすぐに見つけられる。目次や用語集を作ることで検索性を高められる

法則性

マニュアルどおりにやれば求められる結果を出せる王道のパターンが記載されていること

これらが3つ揃うと、利便性が高いよいマニュアルになる

Check

「検索性」を確保する方法である目次は、マニュアルがひととおり形になってから作成します。これは、マニュアルの作成中にページの増減や移動が発生する可能性があるためです。最初に作成すると修正が大変になってしまうので、目次の作成は仕上げの作業として取っておきましょう。

目的×結果×行動を示せ！

POINT
- ◆業務遂行の目的や理由、対象者を明らかにする。
- ◆「結果の状態」と「期限や所要時間」を明確にする。
- ◆作業の手順や詳細を正確に示す。

○マニュアルの「型」が示すもの

マニュアルは、武道や伝統芸能でいうところの「型」です。それらの「型」は「目的と行動」のみを示すのに対し、**マニュアルには「目的・結果・行動」の３要素が含まれている必要があります。**これは第１章でも説明したとおり、マニュアルの絶対条件である、「習得しやすいこと・教えやすいこと・探しやすいこと・更新しやすいこと」を実現させるための要素になります。業務における「目的・結果・行動」が、具体的にどのような内容を指すのか作成前に確認しましょう。

○「型」であるマニュアルに必須の３要素

●目的

「目的」は、**特定の業務を遂行する目的や理由、対象者を明確にする**ことです。「何のための作業なのか」「どうしてその作業が必要なのか」「誰のために遂行するのか」について明らかにします。

●結果

「結果」とは、目的を達成した状態やゴールの基準である「結果の状態」と、作業にかかる時間や回数、頻度といった「期限や所要時間」を指します。結果を示すことにより、読み手は**作業完了や習得を実感するだけでなく、達成感も得られるようになります。**

●行動

「行動」は、業務遂行に必要なひとつひとつの作業について、手順と詳細を示すこと。**目的や達成基準、生産性基準を基にして、最適な作業手順を定めます。**

MEMO 「結果」は、マニュアル上では「求める結果」として書かれる。「求める結果」の内容は、「行動」に書かれていることを忠実にこなせばたどり着けるものでなければならない。

マニュアルに必須な「目的・結果・行動」

マニュアルの絶対条件を満たす「目的・結果・行動」

目　的	業務を遂行する目的や理由を明確にする。「何のため」「どうして必要か」「誰のため」の3点を押さえる
結　果	目的を達成した状態や作業にかかる所要時間を明確にする。読み手に作業完了や作業習得を実感させ、達成感を与える
行　動	業務に必要な作業の手順や詳細を示す。最適な作業手順は、目的や達成基準、生産性基準を基にして定める

3要素が示されたマニュアルの例

フロアの清掃マニュアル

概　要	毎日決まった時間にフロアの清掃を行う	
作業目的	担当者	当日の清掃当番
	フロアをきれいに保つことでお客様に快適にご利用いただき、従業員にも心地よく勤務してもらう	
求める結果	所要時間	約20分（店舗営業終了後）
	全体を見渡し、ごみや汚れが残っていない状態	

目的 → 作業目的

結果 → 求める結果

～～～ 内容一部省略 ～～～

【作業手順】

（1）掃除道具をロッカーから出す

行動

- 従業員控室にある用務ロッカーからモップ、バケツを出す。
- バケツには線のところまで水を入れる。
- ・・・

マニュアルサイクルを実践する

POINT

- 「運用」と「更新」ができる社内体制を整える。
- 「可視化」「仕組化」「習慣化」が大前提。
- マニュアルサイクルで業務の標準化を維持する。

○ マニュアルは「運用」と「更新」が大事！

マニュアルの導入とは、単にマニュアルを作成して社員に行き渡らせることだけではありません。その先の**「運用」と「更新」までを続けていける社内体制を整えることで、初めて導入が完了する**のです。マニュアルの「運用」とは、マニュアルを使う理由や意味を正しく理解して常に使用できる状態を、「更新」は使用する社員の気づきを反映させながら、マニュアルをブラッシュアップしていくことを指します。

○「可視化」「仕組化」「習慣化」のサイクル

マニュアルを作成し、運用と更新を続けていく段階は、大きく３つに分けることができます。それが**「可視化」「仕組化」「習慣化」**です。「可視化」は業務を洗い出してマニュアル化する段階で、業務を目に見えるものに落とし込むことを意味します。「仕組化」はマニュアルの運用、「習慣化」は更新の段階です。そして、この３つの段階を順番に回していくことで、マニュアルは効果を最大まで発揮でき、進化していきます。**この流れを「マニュアルサイクル」と呼んでいます。**

マニュアルサイクルを実行できれば、マニュアルが誰にも使われずに形骸化してしまうという事態を回避できます。それどころか、常にマニュアルの“生きている”状態が続くので、社内において「マニュアルは意義深いツール」という認識が高まり、業務の標準化も半永久的に維持されます。

マニュアルの真価を発揮させ、社員ひとりひとりが有効活用できるようにするためにも、導入にあたっては必ず「マニュアルサイクル」を実行できる社内体制を整えたいところです。「可視化」「仕組化」「習慣化」について第3章以降でさらに詳しく解説します。

MEMO 「可視化」の具体的な方法ややり方については第３章と第４章で、「仕組化」と「習慣化」については第５章で解説する。

マニュアルサイクル

マニュアルを中心とした業務にするために

「マニュアルの導入」は作成で終わりではなく、現場での利用と継続的な更新があって初めて実現する。

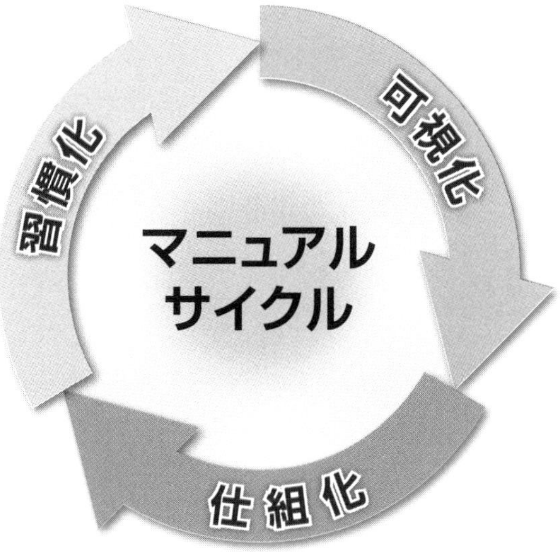

可視化	業務をマニュアル化する段階。業務を洗い出し、読み手に合わせた難度設定のマニュアルを作成する（→階段化　P.68参照）
仕組化	マニュアルを運用する段階。読み手となる社員が、マニュアルを使う理由や意味を正しく理解して使用できる状態にする
習慣化	マニュアルを更新する段階。マニュアルを使用した社員の気づきを、マニュアルに反映する。マニュアルの更新を習慣化させる

Check

マニュアルの効果を発揮させるには、作成だけで終わらせるのではなく、「運用」と「更新」の段階に進むことが大切です。「可視化→仕組化→習慣化」を繰り返すマニュアルサイクルを実行することにより、マニュアルは形骸化することなく、常に現場に即したもので日常的に使われる状態になります。

業務を洗い出そう

POINT

- ◆「業務の洗い出し」は可視化の肝になる。
- ◆「業務の可視化」によるメリットや効果は複数ある。
- ◆マニュアルは「業務の可視化」の延長線上にある。

○「業務の洗い出し」が可視化の中心になる

マニュアル作成は可視化の段階で行います。そして、この可視化の中核を担うフェーズとなるのが「業務の洗い出し」です。

可視化ではまず、マニュアルにしたい業務の内容について、どういう頻度で、どのような順番で行っているのかなどを整理して徹底的に明確にし、「見える化」していきます。そうして「見える化」した内容を、マニュアルのフォーマットに落とし込む。これが、可視化の大まかな流れになります。そのため、**洗い出しさえ怠らずにやれば、そこからマニュアルの形にしていくことは、決してハードルの高いことではありません。**「業務の洗い出し」の具体的な方法については第３章で詳しく説明します。

○「業務の洗い出し」によるメリットと効果

「業務の洗い出し」はマニュアル作成に欠かせない作業としてのみならず、いくつものメリットや効果があります。

たとえば、洗い出しを行うことにより、現状で一番よい業務のやり方や、個人に隠されていたスキルや知識、経験を発見でき、それらを社内や部署内で共有できるようになります。**個人ベースだったノウハウが会社としての財産になる**わけです。また業務を行ううえで、生産性の妨げとなる業務上のムリ・ムダ・ムラの発見とともに、それらが絡んだ現場の悩みや不安も浮き彫りにできるでしょう。組織を成長させるためには無視できない内容です。

洗い出しは、単にマニュアル作成の過程にある作業ではありません。それ自体によって、業務の効率化や生産性の向上を図ることができるのです。**洗い出しこそが業務の可視化そのもの**であり、その延長線上で形作られたツールがマニュアルであるといえるでしょう。

MEMO　「業務の可視化」には、現場の知恵と工夫を吸い上げる効果もある。これにより、新入社員も即戦力化できるような即効性の高いやり方や考え方の共有が可能になる。

業務の洗い出しが可視化のカギ

可視化のステップ

可視化のステップは「マニュアル化する業務の明確化（P.70参照）」「業務の洗い出し」「マニュアル作成」の３段階に分けられる。「業務の洗い出し」が可視化の中心になる。

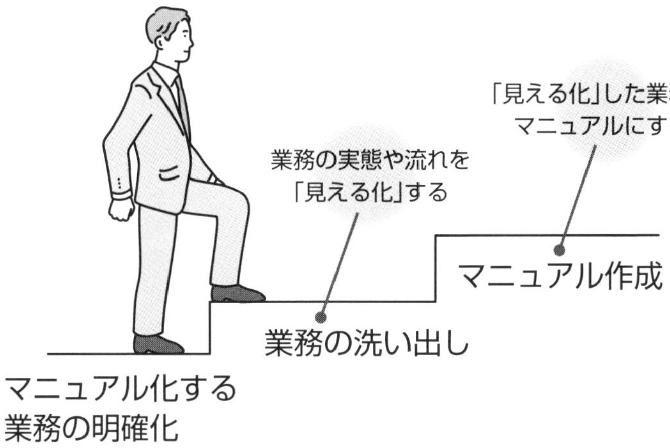

可視化のメリット

業務を可視化すると以下のようなメリットがある。

- 最もよいやり方を発見し共有できる
- 属人化したスキルや知識を発見できる
- 業務上の「ムリ・ムダ・ムラ」を認識できる
- 現場の悩みや不安を表層化できる
- 現場の知恵と工夫の吸い上げができる
- 手順が複雑になった業務を整理できる

ルールとゴールの設定

POINT
- ◆業務をすべて可視化するには時間と手間がかかる。
- ◆事前準備の段階でルールとゴールを明確にする。
- ◆ムダを省いて、効率的に進める。

○ 可視化のルールとゴールを決めておく

業務の可視化が重要なのは確かです。しかし会社によっては、業務が細分化されて多岐にわたり、どこまで可視化すべきか判断ができないことがあります。担当者が複数人いれば、いくつものやり方に分化してしまい、誰のやり方を可視化するべきなのか迷うことも考えられます。また、それらをすべて可視化しようとすれば、膨大な時間と作業が求められ、マニュアルが完成するまでに相当な期間を要することにもなりかねません。したがって、**可視化の意義や目的、可視化の進め方、可視化の範囲といったルールやゴールについては、事前準備の段階で設定しておきたい事項**です。

○ マニュアル作成を効率よく進めるために

まずは、意義や目的である「何のためにマニュアル化するのか」「どんなときにマニュアルを使うのか」を言語化しておき、それらの説明ができるようにしておくこと。さらに、**「可視化の対象業務」「業務を行う対象者」などのほか、「可視化する業務の範囲はここからここまでにする」「いつまでに可視化を済ませる」**のように、ルールとゴールを決めておきます。そうすれば、可視化の途中で「あの業務も可視化しなくては」「あの人にも聞かなくては」などと作業が止まることもなくなります。

マニュアル作りに意気込むのはよいことです。ただ、あまりにも無計画に業務の可視化を進めてしまい、結局は洗い出しの段階もクリアできずにマニュアル作成が頓挫《とんざ》してしまうというのは、よく見られるケースです。業務の可視化にあたっては、しっかりとルールとゴールを決めておくこと。これだけでもマニュアル作成におけるムダが省かれ、効率よく進めることができるようになります。

MEMO 「業務を行う対象者」を確定させておくことは、マニュアル内容のレベルを決定づけるものになる。これについてはP.68「階段化」の項目で詳説。

可視化の前にルールとゴールの設定を

効率よく可視化するためのルールとゴール

可視化を進める前にルールとゴールを設定しておく。これらが明確になっていないと、可視化は効率よく進まない。

業務が細分化されすぎている

担当者が複数人いる

担当者の数だけやり方が存在している

どの業務を、誰のやり方を可視化するか迷う

このまま可視化を進めると…

膨大な時間と作業が必要になり、可視化が失敗する可能性もある

Point 「何のためにマニュアル化するのか」「どんなときにマニュアルを使うのか」を言語化して、マニュアル作成の目的と意義を明確にする

ルールを決めてから可視化！

ルール❶ 可視化する業務を決める

ルール❷ 業務を行う対象者を決める

ルール❸ 可視化の範囲を絞る

ゴール 可視化の期限を決める

マニュアル作成におけるムダが省かれ、可視化を効率よく進められる！

作成の社内体制を整える

POINT
- ◆作成担当者をしっかりと決めておく。
- ◆作成担当者はマニュアルの目的を踏まえて選定。
- ◆作成は、なるべく１人で進めること。

○ マニュアル作成担当者を選定

マニュアル作成の準備段階では、作成を進めるための社内体制の構築もしておきましょう。社内体制といっても、新たに部署を設けたり、社内組織を変えたりなど大掛かりなことではありません。**マニュアルの作成担当者を決めておく**ということです。

○ 社内体制構築の２つのポイント

マニュアル作成者を選ぶ際のポイントは、**マニュアルの目的に応じて選ぶこと**です。たとえば人材育成を目的としたマニュアルを作成するなら、普段から新人教育をしている人が適任です。または新入社員が作成担当者になり、受けた指導をそのままアウトプットしてマニュアル化するのもよいでしょう。新人教育が目的であるのに、その業務のトップにいる人が作成しても、内容が高度になってしまうだけで、新人はおそらく理解も行動もできません。トップの知見は、マニュアル作成後や新人がマニュアルどおりの行動ができるようになったあとに、エッセンスとして追加すればいいのです。

もうひとつの大事なポイントは、**作成担当者は１人で作成を進める**ということです。複数人で話し合いながら作成を進めようとすると、どうしても意見や考えが入りまじって内容を絞り込めず、作成が先に進まなくなります。もちろん、ヒアリングで参考意見を吸い上げるのはいいですが、その対象も１人に決めておくほうがよいでしょう。

大変な作業ですが、マニュアル作成担当者はこのマニュアル作成を通して業務整理ができ、自身の業務のムリ・ムダ・ムラに気づくことができます。また、マニュアル作成プロジェクトに積極的に参画することにより、社内での評価が上がる可能性もあるでしょう。

MEMO 作成担当者は、説明の言語化が上手な人が望ましいが、そうでなくても文章の修正はあとからいくらでもできるので、必須条件ではない。また、資料作りに定評がある人も適任。

マニュアル作成は1人で進める

作成担当者は１人で十分

マニュアル作成は１人の担当者で進めることにより、内容を一本化できる以外にもさまざまなメリットも得られる。

複数人で作ろうとすると…

さまざまな意見が出てしまい内容を絞り込めなくなる

内容に統一感がなくなり再現性や法則性が失われる

マニュアル作成がスムーズに進まず、完成できないことも

１人で進めるメリット

意見が分化せず、作成作業をスムーズに進めることができる

マニュアルのコンセプトに統一感を持たせられる

マニュアル作成者になるメリット

- 自分自身の業務整理ができる
- 自身の仕事のムリ･ムダ･ムラも発見できる
- 社内評価が上がる可能性がある
- 仕事についてより深い理解につながる

可視化のスケジュールを決める

POINT
- ◆限られた期間内で作成を進める。
- ◆作成が長期間にわたると内容が陳腐化する。
- ◆早くて１週間、遅くとも１ヶ月以内が理想。

○ スケジュール設定の重要性

どのような業務であっても、スケジュールの設定が肝心です。スケジュールをきちんと決めずにダラダラと進めていては、生産性の低下を招くばかり。これは、マニュアル作成にも同じことがいえます。

スケジュールの設定もなく、ただ漠然と作成を進めているようでは、完成までに長い期間がかかってしまうどころか、**最終的には完成すらできなかったという事態に陥ることも予想されます。**それに、マニュアル作成担当になったといっても、おそらく多くの人が他の業務と並行して進めることになるはずです。勤務時間をそれだけに費やすことは現実的に難しく、限られた時間の中で効率的に作成を進めるためにも、スケジュール設定はとても重要になります。

○ 早期に作成して「今の一番よいやり方」を示す

マニュアル化したい業務によって差はあるものの、やろうと思えばいくらでも広く深い内容を盛り込んだマニュアルを作成できます。しかし、ボリュームにこだわりすぎると、いつまでも完成に近づけないだけでなく、作成途中で業務におけるルールや方法が変更される可能性もあります。そうなれば、長い期間をかけて完成できたころには、その内容が陳腐化しているということにもなりかねません。

マニュアルには「今の一番よいやり方」が示されていなければ意味がありません。そのためにも、**作成期間は開始から早くて１週間、遅くとも１ヶ月以内が理想**です。とにかく作り上げるということがまずは大切です。ほかの業務との兼ね合いを考慮に入れながら、この期間内に完成させられるスケジュールを前もって決めておきましょう。

MEMO 毎日の勤務時間の中で１時間をマニュアル作成に費やすだけでも、１ヶ月間に20時間ほどの時間を確保できる。業務内容はそれぞれなので一概にはいえないが、完成には十分な時間である。

可視化スケジュールの立て方

可視化はスケジュールを立てるのが最初の一歩

マニュアルは漠然と作成を開始するのではなく、完成までのスケジュールを立ててから取り組む。

● **完成期日を設定する**

まずは社内に共有する日を決める。他業務との兼ね合いも考慮した期限日とし、ここから逆算してスケジュールを組んでいく。

● **作業期間を決める**

業務の洗い出しとマニュアル作成の期間を決める。見直しをする期間も忘れずに入れよう。

スケジュール設定時の注意点

あまり長い期間をかけて作成を進めると、完成したときには内容が陳腐化している可能性がある。

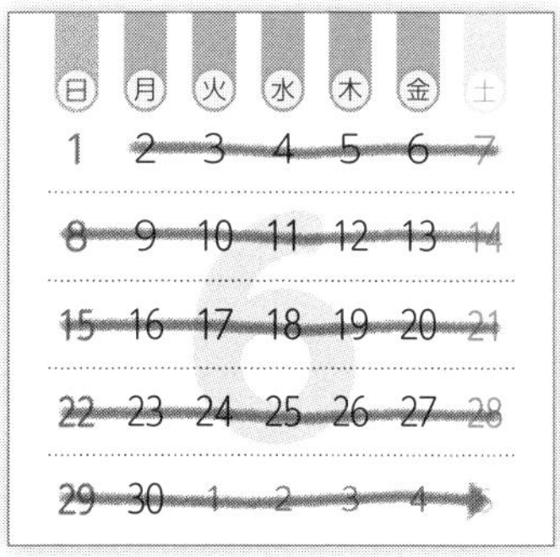

▶ 業務上のルールや手順の変化は常に起こりうるため、できる限り早くリリースできるような期日を決める

Check

マニュアル作成にかける時間の割り当ては重要です。可視化やテンプレートへの落とし込みなどの時間配分については、どちらか一方に大きく偏らないよう意識しながらスケジュールを立てましょう。

社内での共有方法を考える

POINT
- ◆マニュアルの共有方法に決まりはない。
- ◆電子も紙も一長一短。
- ◆効果的にマニュアルを活用できる共有方法を。

○ 電子でも紙でも共有は可能

マニュアルが完成したら、今度はそれを社内でどのように共有していくかを考えておきたいところですが、結論をいえば**共有方法に正解はありません。**文書作成ソフトやスライド作成ソフトで作ったマニュアルをファイルサーバーやクラウド上に保存し共有する方法や、ブラウザアプリ上のサービスを使って作成し、そのままアプリのドライブに保存するなどの共有も考えられます。紙として共有する場合には、プリントアウトしてファイリングしておくほか、印刷会社に依頼して冊子に仕上げ、社員ひとりひとりに手渡すといった方法が考えられます。

いずれの共有方法にも、一長一短があります。電子ファイルでの共有であれば、物理的な保管場所は不要ですし、パソコンやスマホで容易に確認できるため、テレワークを実施する会社にとっては共有しやすいでしょう。その反面、マニュアルを参照しながらパソコンで作業を進める際には、開いたファイルが画面を占有してしまい、作業効率を落とす懸念があります。一方の紙では、気づきがあればすぐにメモできるほか、パソコンの画面を占有することもありません。しかし、保管場所の確保が必要なのはもちろん、外部への流出を防ぐため紙での保管を許可しない会社もあります。

○ 会社や業務に則った共有方法で

電子か紙か、共有方法は迷いどころでしょう。大事なのはマニュアルの共有方法を追求することではなく、マニュアルがいかに活用されるかを考えることです。共有されても活用されなければ、マニュアルの存在意義はありません。社内のルールや業務内容に則りながら、**社員がいつでも効果的にマニュアルを活用できる共有方法を選択する**のが一番です。

MEMO マニュアルを紙か電子のどちらで共有するか迷った場合は、紙の書籍と電子書籍それぞれのメリットとデメリットをイメージしてみるのもよい。

共有するなら電子か紙か？

電子と紙のメリット・デメリット

共有方法は電子か紙のどちらでも可。それぞれのメリットやデメリットを知り、都合に応じて使い分けする。

電子	紙
保管方法 ● ネットワークドライブ、ローカルディスク、クラウドサービスなど	**保管方法** ● プリントアウトしてのファイリングや製本など
メリット ● 保管場所の確保が不要 ● パソコンやスマホでいつでも閲覧可能 ● 更新内容をすぐに共有できる ● テレワーク時でも確認しやすい	**メリット** ● 社内で厳重に保管できる ● パソコンの画面を占有しない ● 常にデスク上に開いておける ● 気づきをメモしやすい
デメリット ● ネットワーク上に流出のリスクがある ● パソコンの画面を占有してしまう ● 気づきをメモしづらい	**デメリット** ● 移動時に持ち運びが必要 ● 持ち出しなどが禁止の可能性がある ● 更新内容の共有がすぐにできない

Check

多くの会社がペーパーレス化に向けた動きを見せています。そのような流れもあり、電子ファイルによる共有を選択しそうになりますが、紙のマニュアルならではのよさもあります。紙と電子のメリットやデメリットを比較したうえで、自社にとってはどちらのほうが活用されやすいのかをしっかりと考えて決めましょう。

09 ｜ マニュアルの鉄則！マニュアルサイクル

最初から完璧を目指さない!

POINT

- ◆完璧なマニュアルを作成する必要はない。
- ◆修正は「更新」の段階でできる。
- ◆見栄えのよさは重要ではない。

◎ マニュアル作成において気負いは不要

社内にマニュアル作成の経験者がいる会社はそう多くありません。おそらく、これからマニュアルを作成するほとんどの人が初心者でしょう。そのため、「本当に自分にできるのか」「よいマニュアルに仕上がるのか」などと不安を抱え、作成に前向きになれないこともあるでしょう。しかし大切なのは、「まずは作ってみよう」という姿勢です。**いきなり完璧なマニュアルを作成する必要はない**のです。

◎ こだわりすぎず気楽な姿勢で取り組む

マニュアルは作成が目的ではなく、その後の「運用」と「更新」も含めた「マニュアルサイクル」の実行が重要であることは既に説明したとおりです。マニュアルの内容に不足があったり、もっとよいやり方に気づいたのなら、それは「更新」のフェーズでいくらでも修正できます。内容に自信がなくても、気がかりな箇所があっても、**とにかく決められた期間の中で作成を進め、出来上がったマニュアルを一旦共有しましょう。**使う中で問題が見つかれば、修正箇所として反映すればいいのです。

またせっかく作成するのであれば、見栄えのよいマニュアルに仕上げたいと思う人もいることでしょう。ですが、マニュアルの役割は業務を標準化し、やり方を示すことです。そこには、**格好よさも奇をてらったデザインも必要ありません。**

細部のデザインにまでこだわり始め、ついには期日に共有できなくなってしまっては、意味がありません。さらにデザイン性を重視するあまりかえって読みにくくなってしまい、再現性も検索性もないマニュアルになってしまった、などという状態に陥っては本末転倒です。

MEMO マニュアルが活用されない理由に、見栄えの出来は関係ない。たとえ見栄えが悪くても、マニュアル運用のルールを明確にしておけば活用される。

まずは社内に共有することを目指す

気楽に構えてとにかくリリースに向かう

作成にあたっては悩みや迷いもあるものの、まずは社内に共有することが大切。また見栄えの追求は不要。

マニュアル作成前の不安

- 本当に自分がマニュアルを作成できるだろうか…
- いいマニュアルに仕上がるだろうか…
- 手順や目的の内容は正確だろうか…
- 内容は足りているだろうか…
- 社員は使ってくれるだろうか…

→ とにかく期日までに作成して一旦共有 →

内容の修正は「更新」の段階で実行すればOK

デザインに執着しすぎては本末転倒に

見た目が豪華なマニュアルを作っても、内容を疎かにしては意味がない。

×
- 見栄え重視のムダに格好いいデザイン
- 美しい装飾を施したデザイン
- 奇抜なデザイン

○
- 必要な内容が伝わるシンプルなデザイン

Check

「見栄えにこだわる必要はない」とは言われても、作成を進めるうちに、もう少しレイアウトや装飾などを工夫したいという思いが芽生えることもあるはずです。そういう場合も、一旦は期日までに作成・共有をし、その後に隙間時間などを活用して手直しするとよいでしょう。

運用を仕組化する理由

POINT

- ◆マニュアルが常に使われる状態にする。
- ◆全社員への周知は上司や経営者の役割。
- ◆運用の仕組化が業務と組織にメリットをもたらす。

◯ マニュアルは常に使われなければ意味がない

「運用の仕組化」とは、マニュアルにかかわる人全員が「マニュアルを常に使っている状態」にすることであり、マニュアルサイクルの第2段階にあたります。どれだけ見栄えがよく、秀逸な内容が盛り込まれたマニュアルが出来上がっても、**使われなければ作成した意味はありません。**そのような状態を回避するためにも、運用の仕組化はぜひとも実行しましょう。

運用を仕組化する第一歩となるのは、マニュアルの導入を全社員へ周知すること。会社の基準やルール、さらには社員の規範としてマニュアルを導入する意味を全社員に理解してもらいます。ただし、マニュアル作成の担当者がそこまでを実行する必要はありませんし、おそらく説得力も生まれません。**そこで必須となるのが、経営者や上司といった上の立場の人たちの協力です。**現場の社員だけでなく、上の立場の人にもマニュアルの内容を把握してもらい、全社員に対してマニュアル導入の意味を直接伝えてもらうのです。これは仕組化に限らず、その先の習慣化にも同じことがいえます。

◯ 仕組化によるメリットや効果を得る

運用の仕組化にも、可視化と同じようにいくつものメリットや効果が生まれます。業務の最もよいやり方が示されたマニュアルを全社員が常に使う状態になりますので、当然ながら作業ミスは減少するでしょう。また、社員教育や引き継ぎを効率的に進められ、かつ均質的にできます。それにより、**短い時間で即戦力として現場に投入することもできる**ようにもなります。つまり、仕組化によってマニュアルが本来の力を発揮できるのです。

マニュアルの運用を仕組化する理由のひとつには、こういったメリットや効果を得る目的もあるのです。

MEMO 全社員への周知を担うのは、会社のトップである経営者が理想。経営者との距離が遠いのであれば、まずは上司に仕組化の重要性を説明して、話を通してもらうとよい。

運用の仕組化でマニュアルの活用を促す

マニュアルを常に活用するために

マニュアルを常に活用するためには、運用の仕組化を実行しなければならない。

仕組化の目標	仕組化でやること
社員がマニュアルを使う意義を理解し、利用できる状態にする	**●マニュアルの周知●** マニュアルを導入する意味を全社員に知ってもらう **●マニュアル利用ルールの設定●** 主にセキュリティ面でのルールを設定する

マニュアルにかかわる全社員への周知が第一歩

全社員への周知には、上司や経営者といった上の立場にある人の協力が不可欠。マニュアルの内容や必要性を把握してもらい、全社員へ向けての導入説明を依頼する。

運用の仕組化によるメリットの効果

- ☑ 作業ミスが減少する
- ☑ 効率的かつ均質的な社員教育ができる
- ☑ 効率的な引き継ぎができる
- ☑ 教育にかかる時間を短縮できる
- ☑ 新人が即戦力になりやすくなる
- ☑ ムリ·ムダ·ムラを減少させる

仕組化に必要な3要素① マニュアル管理会

POINT
- ◆マニュアルの管理母体を設置する。
- ◆マニュアル管理が特定の人に依存しないようにする。
- ◆管理は最低でも２名体制で行う。

◎ マニュアル管理体制の構築と維持

仕組化を実行するうえで、最低限必要となる要素が３つあります。そのひとつが、**マニュアル管理の母体となる「マニュアル管理会」**の設置です。

設置する意図は、マニュアル管理が特定の一人に依存してしまう状況、つまり**マニュアル管理の属人化を防ぐ**ことにあります。マニュアルを作成した責任者が何らかの理由でその役割から外れた場合、管理が疎かになったり、杜撰《ずさん》になったりする可能性があります。これはマニュアル管理が属人化してしまった結果です。このような状態を防ぐためにも、「マニュアル管理会」を設置して組織的に管理をする体制を築き、維持していくことが大切になります。

◎ マネージメント担当者は必須

「マニュアル管理会」とここでは名づけていますが、社内で構成する「チーム」や「コミュニティ」といった、軽いイメージでかまいません。

マニュアル作成は１人で進めましたが（P.44参照）、管理には最低でも２名以上にしましょう。２名以上いれば、誰か１人が抜けたとしてもマニュアル管理は維持され属人化は起きません。メンバーには、マニュアルの作成担当者１名と、**必ずマネージメント担当者も加えます。**これは、マネージメント担当者が、管理だけでなく、マニュアルの内容をしっかりと把握するとともに、社員が業務をマニュアルどおりの正しいプロセスにそって進めているかを判断できるようにするためでもあります。マニュアルは企業の仕組みの一部にしていくので、マネジメント部門もマニュアルを把握しましょう。

「マニュアル管理会」は基本的には会社にひとつ設置します。マニュアルの運用ルールなどは会社単位で統一したほうが、足並みが揃うからです。ただし、部署内で管理したい場合は、部署ごとの設置でも問題ありません。

MEMO 複数の部署のマニュアルを管理する場合は、経営企画部などの特定の部署がまとめて担うケースもある。

マニュアル管理会の役割と構成

管理の母体となるマニュアル管理会

マニュアル導入時は、その役割や構成を理解して設置するようにする。

マニュアル管理会	
役割	導入説明会（P.56参照）や運用のルール設計（P.58参照）の中核を担う。また、「マニュアル管理の属人化」を防止する。もともとの担当者が抜けた場合でも、管理を継続して行えるようにする
人数	２名以上。２名いれば、どちらかが抜けることがあっても管理は維持できるため、属人化が防げる。マニュアルの量や業務内容に応じて、人数の規模は変わってくる
構成メンバー	作成担当者とマネージメント担当者。マネージメント担当者は、マニュアルの内容の把握とともに、結果に至るまでの業務プロセスが適切か判断する

マニュアル管理会に参加するメリット

マニュアル管理会の作業者や管理者としてメンバーになることでスキルアップにつながるメリットがある。

メリット❶ 会社全体を俯《ふ》瞰《かん》できるようになる

マニュアルには社内業務が網羅されている。自分の部署だけでなく他部署の役割や、社内組織のかかわり合いが見えてくる

メリット❷ マニュアル作成や管理のスキルが身につく

マニュアル作成のスキルが身につくことはもちろんだが、資料を統括的に管理するスキルはマニュアル以外にも活かせる

Check

マネージメント担当者は必ずマニュアル管理会に加わりましょう。ただし、「作成者」ではなく「管理者」として参加します。管理者はマニュアルに記載された「目的・結果・行動」が適したものかどうかを判断します。その最終判断にはマネージメント担当者が必要です。

仕組化に必要な3要素② 導入説明会

POINT

- ◆マニュアルに対する印象や認識を統一する。
- ◆社員の立場で導入の説明をする。
- ◆短い時間でも試読する時間を設ける。

◎ マニュアル導入の意義や目的を伝える

仕組化に最低限必要な要素の２つめは、**マニュアルの導入説明会を実施すること**です。これから導入しようとしても、マニュアルに対する社員の印象や認識は最初のうちはバラバラです。ネガティブな印象を持つ人や、前職でマニュアルの作成や運用をした経験があることから、そのときの活用方法や運用方法、考え方が根付いているという人もいるかもしれません。そこで、自社における導入の意義や目的を伝える導入説明会を実施し、マニュアルに対する社員の印象や認識を統一する必要があるわけです。

◎ 導入説明会の重要なポイント

導入説明会での重要なポイントは２つ。１つは、**実際にマニュアルを使う社員の立場で導入の説明をする**ことです。よくある間違いが、業務の効率化や生産性の向上、上場に向けた施策の一環といった、会社側のメリットを伝えてしまうこと。それよりも、新人に業務を教えやすくなるので自分の仕事に集中できるとか、逐一先輩に聞く必要がなくなるといったような、社員の働き方がどう変わり、どれほどよくなるのかなど、社員の働き方に直結するメリットを重点的に伝えます。

もうひとつのポイントは、短い時間でもいいのでマニュアルを試読する時間を設けて、**社員に「マニュアルを見た」という経験を与える「読み合わせ会」を実施する**こと。こうすることで、社員の頭の中にはマニュアルの中身がわずかでも画像として残るため、業務に行き詰まりや迷いが生じた際に、すぐにマニュアルの存在を思い出し、自然と活用するようになるのです。

なお、導入説明会で説明を担うべきは経営者や上司です。トップダウンで説明することにより、社員に対する説得力は一層高まります。

MEMO　人は記憶にない事柄を検索しようという発想にはならない。そのため、いざというときに使えるよう、あらかじめマニュアルに目を通しておき、その存在を記憶に植え付けておく必要がある。

導入説明会の目的とポイント

導入説明会の目的

マニュアルに対する**バラバラ**な認識 → 導入説明会の実施 → マニュアルに対する社員の印象や認識が統一される

導入説明会のポイント

ポイント❶ 社員の立場で説明する

会社側のメリットばかりではなく、マニュアルの導入によって社員が得られるメリットを重点的に伝える

例

- マニュアルを導入することで人材教育の時間を大幅に削減できる
- ムダな業務が整理されることでムダな残業をなくせる
- 先輩に聞きづらいことがあれば、マニュアルが答えを出してくれる　など

ポイント❷ 読み合わせ会の実施

頭の中にマニュアルという存在を画像として残すため、短い時間でも中身に目を通す時間を設ける

Check

導入説明会は、マニュアルの対象となる社員を直接集めて行うほか、経営者からの説明を収録した動画の試聴会を開催したり、各自のタイミングで視聴してもらう方法もあります。手軽な方法ではありますが、必ず観てもらえるようにチェックをするなどの工夫も必要です。

仕組化に必要な3要素③ 運用のルール設計

POINT
- ◆取り扱い方法と利用の仕方を決める。
- ◆流出リスクに備えたセキュリティ対策を整える。
- ◆マニュアルに頼る風土を築く。

○ マニュアルは機密情報として管理する

仕組化に最低限必要な要素の３つめは、**運用のルール設計**です。マニュアルの取り扱い方法と利用の仕方の２つについて、あらかじめ取り決めておきましょう。

取り扱い方法の中でも特に明確にしておきたいのは、セキュリティ対策です。既に多くの会社が情報セキュリティポリシーを定めているはずですが、これからマニュアルを導入する会社では、マニュアル専用のセキュリティ管理については明確化されていないものです。マニュアルは会社のノウハウが集積された、いわば機密情報のひとつであり、外部へ流出させるわけにはいきません。

基本的には既存の情報セキュリティポリシーに従うようにします。マニュアルを運用するうえで情報セキュリティポリシーでは足りていない部分や、特例とする部分については、マニュアル専用のルールとして別途定めましょう。

○ 更新の協力要請や質問に対する取り決めを

利用の仕方に関しては、まずは業務におけるすべての情報がマニュアルに記載されているわけではない、ということを社員に認識してもらいます。そのうえで記載されていない情報があれば、それらを反映させる更新のために随時報告して共有することを求めます。

新人などの業務経験が浅い社員に対しては、**マニュアルに記載されている業務手順についての質問は受け付けない**というルール設定も、仕組化にあたっては効果的です。少々厳しいようですが、マニュアル確認前の質問はルール違反だと定めると、わからないことがあればマニュアルに頼るという風土が築き上げられます。

MEMO ルール設計はあくまでも仕組化の一環であり、社員の縛り付けが目的ではない。そのため、ルール設計にあたっては“ルールを守るためのルール”にまで発展しないようメリハリをつけるのが大事。

ルール設計が必要な2つの項目

取り扱い方法と利用の仕方

仕組化においては、マニュアルの取り扱い方法と利用の仕方の２点についてのルールを決めておく。

1 取り扱い方法

セキュリティ対策を徹底し流出リスクを防ぐ

- 勝手にコピーしない
- 外部へ持ち出さない、外出先で開かない
- 自分のデスクでのみ閲覧可能
- 自分の引き出しにはしまわない
- 上司の目の届く場所に保管する　など

2 利用の仕方

マニュアルを頼る風土を作る

- 組織全体がマニュアルの内容を把握する
- マニュアルの記載どおりに業務を進める
- マニュアルを確認すればわかることの質問は禁止
- 質問を受けたら、マニュアルを確認したか尋ねる
- 記載内容に不足や意見があれば報告する　など

Check

業務経験が長い上司や先輩に対しては、マニュアルを否定しないというルールを設けます。部下が上司や先輩が独自に教えたことを無視してマニュアルに従うというのは心理的に難しいものです。したがって上司や先輩には、たとえ自己流のやり方を持っていたとしても、マニュアルを否定せず「マニュアルにそった指導や教育を徹底する」というルールを適用しましょう。

更新しやすいマニュアルにする

POINT

- ◆ 更新を習慣化させることを意識する。
- ◆ マニュアル担当者の変更を想定する。
- ◆ フォーマットを用意して更新をしやすくする。

○ マニュアルを更新しやすくする理由

「更新しやすいこと」は、マニュアルの絶対条件のひとつでした。では、なぜ更新のしやすさが大切なのでしょうか。

理由は2つあります。ひとつは**「マニュアルサイクル」における習慣化を維持するため**です。更新する習慣を維持してマニュアルの鮮度を保っていかなければ、内容は陳腐化していき、たちまち“本棚の肥やし”にもなりかねません。そして、更新がストップしてしまう原因には「更新のしづらい」マニュアルであることが多いのです。

もうひとつの理由は、**マニュアル担当者の変更が想定されるため**です。異動や退職などにより、それまでマニュアルの更新を担当してきた人が不在になれば、別の担当者が更新を行うことになります。ですが、「更新のしづらいマニュアル」だと、交代した担当者がスムーズに更新を行えない可能性が生じます。マニュアルは、誰もが「更新しやすい」ものでなければなりません。

○ フォーマットで更新をしやすくする

「更新しやすい」マニュアルを形作る要素はフォーマットです。あらかじめフォーマットが用意されていれば、マニュアルが「どのような構造」になっていて、「どこの何を更新すればいいのか」が一目でわかります。それがあれば、たとえ担当者が変更しても更新は滞りなく行われ、習慣化を維持できるようになるのです。

マニュアルには、常に業務の「一番よいやり方」が示されている必要があります。後任のマニュアル担当者がつつがなくそれを実現するためにも、作成にあたってはフォーマットを用意し、「更新のしやすい」マニュアルに仕上げる必要があります。

MEMO 作成を始めた段階で、いずれ更新することを前提にしておく。自分以外の担当者でもラクに更新ができるような、わかりやすいフォーマットを意識する。

「更新のしやすい」マニュアルを作るには

更新のしやすさが大切な理由

マニュアルを更新しやすくする理由は2つある。これを押さえておくとマニュアルサイクルをよりラクに回せる。

習慣化のため

更新をしやすくすることで習慣化の維持がラクになり、マニュアルの内容の陳腐化が防げる

確実な引き継ぎのため

マニュアル更新担当者が変更されて更新ができなくなった、という事態を防ぎ、マニュアルの鮮度を保つ

フォーマットの重要性

内容の大幅な変更が必要になり、ゼロベースから更新が必要になった場合にフォーマットがあれば手間を大幅に省ける。

フォーマットの例

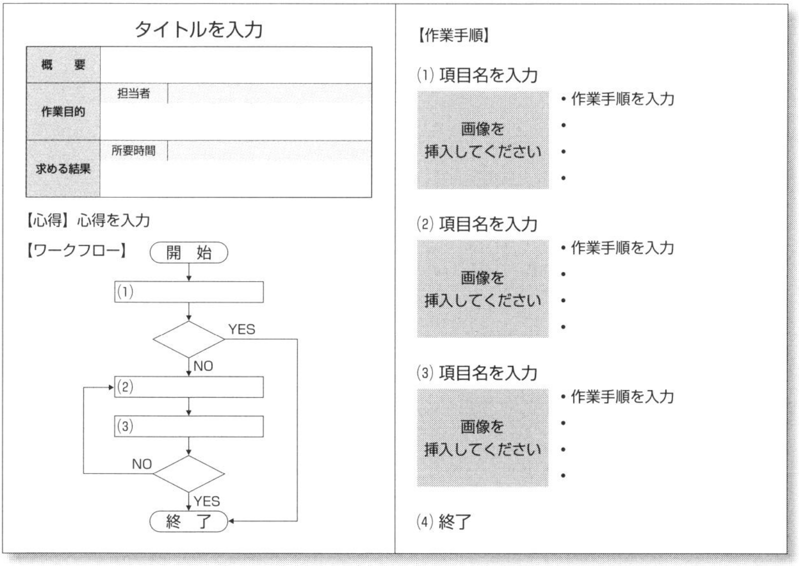

▶ このようにマニュアルの「枠」だけ準備しておくと、更新だけでなく新たなマニュアルを作る際にもラクになる

15 ｜ マニュアルの鉄則！マニュアルサイクル

更新は忘れずに行うこと

POINT

- ◆ 更新がされないと導入は失敗する。
- ◆ 一番よいやり方や考え方は時代とともに変化する。
- ◆ マニュアルが放置されると業務の均質性は失われる。

◯ 更新のないマニュアルは必然的に放置される

業務を可視化してマニュアルを作成し、仕組化をしてマニュアルが常に活用される状態が出来上がっても、習慣化の段階で必須となる更新をせずにそのまま放置してしまうと、マニュアルはいずれ使われなくなり、結果としてマニュアル導入は失敗します。

業務における一番よいやり方や考え方というのは、**労働環境や使用ツールなどの変化とともに、アップデートされていくべき**ものです。しかしアップデートすることなく、マニュアルにいつまでも“前時代的”なやり方や考え方が示されていれば、そのマニュアルが使われることなく放置されるのも必然といえるでしょう。そうなるとマニュアルを使った教育などの仕組化までも意味をなさなくなります。

また更新がされなければ、個人が培ったノウハウやスキルは再び暗黙知化していきます。この状態が意味するのは、業務における均質性の崩壊です。業務の質がマニュアル導入以前のムラのある状態に戻ってしまう可能性があります。

◯ 更新の継続でマニュアルが根付いた環境を維持

マニュアルの更新は、もちろん手間のかかる作業です。社員からマニュアルに未記載の情報や改善点といった気づきを吸い上げ、それらを反映していくのですから、本来の業務と並行して行うとなれば、なおさら時間を要します。しかし、**マニュアルは更新を続けなければ、その存在価値も利用価値も徐々に失われていきます。**そうなれば、可視化と仕組化にかかった労力も時間も水の泡になってしまいます。マニュアルが根付いた環境を維持するためにも、更新は忘れずに行うようにしましょう。

MEMO マニュアルは「作って終わり」ではない。継続的に使われ、業務改善や効率性の向上を実現させるには、マニュアルを更新して最新に保つことが不可欠になる。

マニュアルは更新が大事

更新されないマニュアルは無用のもの

更新されずに内容が古いままのマニュアルは、時代に合った業務の“一番よいやり方”が示されなくなるため、使われずに放置されていく。

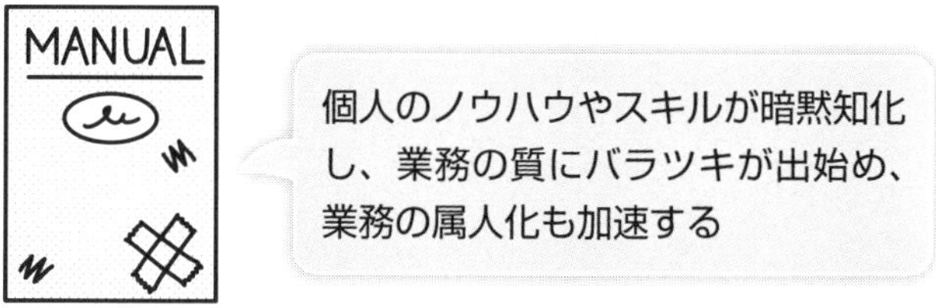

更新を怠るとすべてがムダに

更新を忘れることなく続けられれば、業務の“一番よいやり方”が示し続けられ、マニュアルが根付いた環境も維持される。

更新がされなくなると、当然マニュアルの内容は古くなり、使う人はいなくなる。更新の「習慣化」が止まることでマニュアルを運用する「仕組化」もムダになり、マニュアルサイクルが崩壊する

継続的な更新作業がマニュアルの導入目的である業務効率化や業務の質の均質化につながり、「可視化」「仕組化」「習慣化」のすべてが揃ったマニュアルサイクルが完成する

Point 習慣化することで初めて、マニュアルの導入は成功したといえる。継続的な更新を組織として習慣にし、マニュアルがあることを前提とした業務体制を目指そう

COLUMN 2

業界によってはマニュアル化したがらない人もいる

「うちの仕事は職人技が命だから、マニュアル化なんてできない」、「個人のクリエイティビティが求められる仕事だから、マニュアルどおりに業務を進められても困る」。業界によっては、このような考え方を持っている経営者や社員も少なくありません。確かに、何十年と研鑽《けんさん》を積み重ねてようやくマスターできる技術や、個人の独創性が何よりも重視される業務もあることでしょう。では、そのような業界や仕事においては、業務をマニュアル化する価値などないのでしょうか。

たとえば、伝統工芸品の製造を手がける会社があるとします。在籍する職人は、数十年をかけて技術を習得した熟練者ばかり。しかし、全員が高齢であり、長らく新人の受け入れもしてこなかったため、このままでは技術を受け継ぐ人がいなくなってしまいます。ほかにも、前衛的なデザインをウリにしたデザイン会社があるとしましょう。制作は社員個々人の能力から生み出していくものという考え方や風土が根付いていることから、業務を教えてくれる先輩や上司は１人もおらず、離職率が高いのが悩みです。前者の会社では「業務の属人化」、後者の会社では「教育制度の未整備」により経営に問題が生じています。

しかし、ここにマニュアルが投じられれば、それらの問題は解決できます。たとえ数十年をかけて習得できる技術でも、マニュアルにそのやり方や進め方が示されれば、技術は確実に受け継がれるはずです。マニュアルがあれば、人に教えられなくても新人は業務のやり方や手順を自ら学べるため、定着率も上がることでしょう。

結局は、「マニュアル化をしたがらない」のではなく、その効果や役割がわからないために「マニュアル化をしようとしていない」というのが現実です。業務をマニュアル化する価値がない業界や仕事などないのです。

第３章

マニュアル準備シートで可視化を始めよう！

マニュアルを作成する前に、可視化の第一段階として「マニュアル準備シート」を使って、業務の現状を「見える化」します。可視化の中心的な作業になります。

可視化を進める流れ …… 66
「階段化」を意識する …… 68
マニュアル化する業務を明確にする …… 70
マニュアル準備シートで業務を洗い出す …… 72
マニュアル準備シートの使い方①　概要や人数などを書く …… 76
マニュアル準備シートの使い方②　問題点や不安点を書く …… 78
マニュアル準備シートの使い方③　小分類から書き出す …… 80
マニュアル準備シートの使い方④　実働時間を入れる …… 82
マニュアル準備シートの使い方⑤　その他の項目 …… 84
複雑な仕事のマニュアル化 …… 86
成績トップの人のやり方を基準に …… 88

3章

01 | マニュアル準備シートで可視化を始めよう！

可視化を進める流れ

POINT
- ◆ どの業務をマニュアル化するか決める。
- ◆ 業務の洗い出しは「マニュアル準備シート」を使う。
- ◆ マニュアルフォーマットへの流し込みまでが可視化。

○ 可視化の流れは３段階に分けられる

本章からは、可視化の方法や手順について具体的に説明していきますが、まずはその流れについて大まかに確認をしておきましょう。

(１)マニュアル化する業務の明確化と優先順位決め

いきなりすべての業務をマニュアル化しようとすると、膨大な時間がかかってしまいます。また、どの業務をマニュアル化すべきか判断がつかない場合もあるでしょう。そこで、可視化の準備段階としてマニュアル化する業務を明確にしたうえで、優先順位を決めます。

(２)「マニュアル準備シート」で業務を洗い出す

次にマニュアル化する業務を細かく洗い出していきます。ここで活用するツールが「マニュアル準備シート」です。このシートに、マニュアル化する業務の概要や項目について書き出していくことが、可視化においては非常に重要な作業となります。

(３)「マニュアルフォーマット」に洗い出した情報を流し込む

マニュアル準備シートへの書き出しが完了したら、あとはその内容に基づいてマニュアルフォーマットに文字を流し込んでいきます。これで、マニュアルはひとまず出来上がります。

○ 可視化こそはマニュアル作成そのもの

ここまでの流れが「業務の可視化」です。つまり可視化とは、準備から作成までのすべて、ということになります。洗い出し作業をきっちりやるだけでも業務の現状や課題が見えてきて、業務の改善につながります。「マニュアル準備シート」を使った洗い出し作業は、可視化の肝といえるでしょう。

MEMO 「マニュアル化する業務の明確化と優先順位決め」において、P.42で解説した可視化のルールとゴールも同時に設定する。

可視化の順序

可視化の大まかな流れ

「業務の可視化」といっても、単に業務内容を書き連ねて完了というわけではない。可視化は、適切な順序にしたがって進めていく。

1 マニュアル化する業務の明確化＆優先順位決め

どの業務を可視化するのかを決めることが「業務の可視化」の第一段階。マニュアル化する業務の優先順位を明確にし、可視化全体のスケジュールを把握する

↓

2 「マニュアル準備シート」で業務を洗い出す

業務を可視化しながら整理する方法として、「マニュアル準備シート」を活用する。ここでしっかりと洗い出しをしておくと、次のマニュアル化の段階での作業負担が軽減される

↓

3 マニュアルフォーマットに流し込む

マニュアル準備シートで洗い出した内容をマニュアルのフォーマットに流し込み、マニュアルを作成する。「業務の可視化」の最終段階になる。具体的な方法は本書の第４章で解説をする

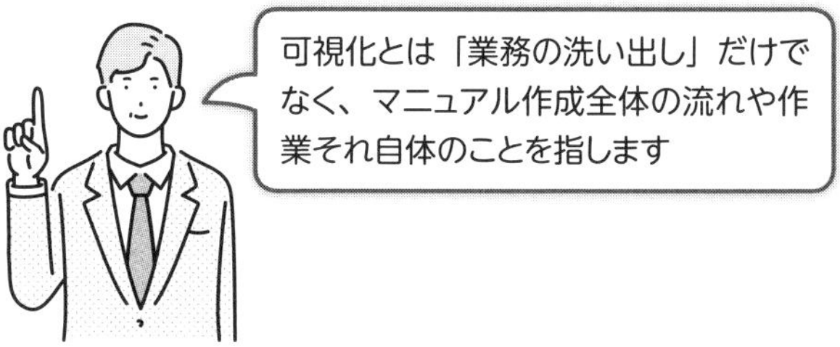

「階段化」を意識する

POINT

- ◆ 読み手となるターゲットを明確化する。
- ◆ レベルに合わせて内容の難度を設定する。
- ◆「階段化」は可視化におけるすべての段階で意識する。

◯「階段化」とは、内容の難度を意識すること

どんな業務を可視化するうえでも、必ず意識してほしいことがあります。それが、読み手となるターゲットを明確にして、その読み手のレベルに合わせた内容にするということ。新人向けのマニュアルにするのであれば、新人が理解でき、確実に再現できるような難度の内容にしなければなりません。まだ業務を深く理解できていない段階で、高度なテクニックや複雑な知識を教えられても、新人はただ戸惑うばかりです。このように、**読み手のレベルに合わせて内容の難度を設定することを「階段化」とよびます。**

◯ それぞれの段階で内容を精査しながら進める

階段化はマニュアル化する業務の優先順位決めから、マニュアル準備シートを活用した業務の洗い出し、そして仕上げとなるフォーマットへの流し込みに至るまで、可視化におけるどの処理段階においても常に意識するべき概念です。

あくまでも概念であり、何か特別な作業が必要になるわけではありません。具体的にやることは、内容が読み手のレベルに合っているかどうかを精査しながら作成していくというだけです。使う言葉や表現の仕方、伝えるべき作業の内容や手順の構築などが、**読み手にとって理解しやすいものになっているか**を確認しましょう。

適切な階段化がされていない難度が高めのマニュアルで新人を教育するということは、たとえば小学生に大学の教科書を使って教えるのと同じことです。小学生には小学生の学ぶべき学習事項があるように、新入社員もレベルに応じた内容を学ばないことには成長につながりません。マニュアルが戸惑いの元とならないよう、階段化を意識して作成していきましょう。

MEMO 階段化は、マニュアルを社内へ浸透させるうえでも大切な要素。そのため、可視化の段階だけでなく、仕組化と習慣化においても心がけたい概念だといえる。

「階段化」がマニュアルの質を高める

ターゲットに合わせて「階段化」を意識する

業務を理解して再現するためには、ターゲットのレベルに合わせたマニュアルを作成することが求められる。

マニュアルのターゲット

新入社員

- 業務の右も左もわからない
- 専門用語がまだ理解できていない
- 業務の目標、ゴールがわからない
- 基礎・基本から教えていく必要がある

高度な内容を教わっても再現できない

基礎から教わるため業務の理解と再現がしやすい

Check

階段化を意識して、やさしい内容のマニュアルに仕上げるとはいっても、「いつまでも初歩的なレベル」の業務のみを続けていては社員も会社も成長できません。頃合いを見て、新入社員が階段を上がることができるように、任せる業務の難度も徐々に上げていきましょう。

マニュアル化する業務を明確にする

POINT
- ◆マニュアル化する業務を明確にして優先順位を決定。
- ◆「困っている度合い」に応じて業務を判別。
- ◆簡単な業務のマニュアル化は後回しでもOK。

○ 可視化でまず初めに進めること

マニュアル作成が失敗してしまう要因のひとつに、すべての業務をマニュアル化しようとすることが挙げられます。もしくは、マニュアル化するべき業務がわからずに、業務の洗い出しが開始できないというケースもよく見られます。いずれにせよ、どちらのケースも時間のムダになります。マニュアルには、業務における“今の一番よいやり方”が示されなければならないため、なるべく早く出来上がるよう計画的かつ効率的に作成を進めなければなりません。そのためにも、業務を洗い出す前には、必ずマニュアル化する業務を明確にして、優先順位を決めておきましょう。

○ 明確化と優先順位決めのポイント

マニュアル化する業務の明確化と優先順位決めにあたってのポイントは、**「困っている度合い」に応じて業務を判別する**ことです。たとえば、口頭だけでは新人に教えづらい業務であったり、教わっても再現しづらい業務、離職率の高い業務や、サービスのクオリティが低下している業務、専門性を求められる業務、さらには新人であろうと絶対にミスが許されない業務など、そういった悩みや不具合、課題の生じている業務を優先的にマニュアル化していきましょう。

反対に、**誰もが簡単に理解でき実行できるような業務についてのマニュアル化は後回しにします。**簡単に理解でき実行できるような業務というのは、マニュアル化するのも簡単です。そのようなマニュアル化が簡単な業務から洗い出しを進めていくケースもよく見られますが、これも時間と労力のムダです。マニュアルがなくても進められる業務のマニュアル化優先順位は、低く設定しておいてかまいません。

MEMO まずは優先順位の高い業務からマニュアルを作成して社内に共有してしまおう。優先順位の低い業務もマニュアル化したい場合は、あとで時間的な余裕があるときに進めればOK。

業務の洗い出し前にやること

明確化＆優先順位決め

マニュアル作成は準備が大切。失敗するリスクを減らすためにもしっかり準備をして臨む。

〔マニュアル作成の失敗要因〕

❶ すべての業務をマニュアル化しようとする

❷ マニュアル化する業務を決めていない

❸ マニュアルの社内への共有が遅れる・社内に共有すらできない

Point 洗い出しをする前にマニュアル化する業務と優先順位を決めておく！

優先順位の決め方

優先順位は「困っている度合いの高い業務」を基準にして考える。

困っている度合いチェックポイント

チェックの数が多いほど優先度が上がる

- □ 新人に教えづらい業務
- □ 再現しづらい、属人化している業務
- □ 離職率の高い業務
- □ どのような状況でもミスが許されない業務
- □ 質が低下し全体に支障をきたしている業務
- □ 過去に何度もトラブルやクレームが発生している業務
- □ 新しい事業のため、教えられる人が少ない業務

Point 誰もができる業務のマニュアル化は後回しにする！

マニュアル準備シートで業務を洗い出す

POINT

- ◆マニュアル準備シートでマニュアル作成を円滑に。
- ◆マニュアル化する範囲を俯瞰できるようになる。
- ◆作成のゴールが定まり、ムダな作業も減る。

◎ マニュアル準備シートは業務洗い出しのツール

マニュアル化する業務を明確にして優先順位が決まったら、いよいよ業務の洗い出しを進めていきます。ここで活用するのがマニュアル準備シートです（P.74参照）。プロジェクトのタスク管理やスケジュール管理などにも使われるWBS（Work Breakdown Structure）によく似ています。**さまざまな項目を細かく分解するのに役立つ**ため、マニュアル作成における業務の洗い出しにおいては最適なツールなのです。

◎ マニュアル作成の「地図」にする

業務の洗い出しにマニュアル準備シートを活用する理由は、**マニュアル作成をスムーズに進めるため**です。可視化の過程でよくある失敗が、業務の洗い出しをするといいながら、最初からマニュアルの形に仕上げようとするケースです。たとえば、法人営業のマニュアルを作成する場合、「ターゲットとなるお客様を決定する」「ターゲットにする基準とは」「ターゲットのお客様にアポイントをとる」「アポイントの手順はこういう流れ」などのように、いきなりステップを書き始めていくような進め方です。このようなゴールの定まっていない進め方をしていても、この作業がいつ完了するのかわかりませんし、途中でそれほど必要でなかった内容を書いていることに気づいて、時間のムダになりかねません。

一方でマニュアル準備シートを活用すると、洗い出したい業務を分解して項目ごとにまとめられるため、マニュアル化する業務の範囲を俯瞰して見られるようになります。これにより、ゴールが定まるのはもちろん、ムダな作業も減り、作成をスムーズに進められるようになります。**マニュアル準備シートは、いわばマニュアル作成における「地図」**といえるでしょう。

用語　WBS：Work Breakdown Structureの略。プロジェクトの作業を細分化し管理する手法のひとつ。プロジェクト管理やスケジュール管理、システムの開発管理に用いられる。

マニュアル準備シートは可視化のかなめ

マニュアル準備シートの活用

さまざまな項目を細かく分解して示すことのできるツール。マニュアル準備シートを活用することで業務の洗い出しを行う。

業務の洗い出しをせずにマニュアル作成を進めると…

- 作成作業がいつ終わるのか見当がつかない
- 必要性の低い業務までマニュアル化してしまう
- 結果として時間と労力がムダになることも

マニュアル準備シートで洗い出しをしておくと…

- ゴールが見えるようになるのでマニュアル作成のスケジュールを立てやすい
- 必要な情報がまとまった利用価値の高いマニュアルになる
- マニュアル作成がスムーズになる

マニュアル準備シートのフォーマットは次ページから解説！

Check

マニュアル準備シートで業務を俯瞰できるようになると、業務の複雑さが一目瞭然になります。複雑なほど、マニュアル作成には時間がかかることになります。また、業務内容が複雑すぎて、そもそもマニュアル準備シートに記入すらもできない業務が出てきた場合は、可視化以前にその業務自体をシンプルにすべく改善し、最適化していく必要があります。

●マニュアル準備シートのフォーマット

[1]

マニュアル化したい業務名	
業務の概要	
関係者の人数（内訳）	
これまでの教育方法	
一人前になる期間と成長の差	

[2] [3] マニュアル準備シート [4] [5]

大分類		中分類	小分類	実働時間（分）
1		(1)	①	
			②	
		(2)	①	
			②	
2		(1)	①	
		(2)	①	
			②	
		(3)	①	
			②	
3		(1)	①	
			②	
			③	
		(2)	①	
			②	

[1] シート上部には「マニュアル化したい業務名」「業務の概要」「関係者の人数」「これまでの教育方法」「一人前になる期間と成長の差」を記載する。また「マニュアルの対象者」や「マニュアル準備シート活用時の気づき」についても併せて記載しておく（P.76～79参照）。

[2] **大分類** 大枠となる業務名を記載する。項目数は内容に応じて変更する（P.80参照）。

[3] **中分類** 大枠を細分化した作業を記載する。項目数は内容に応じて変更する（P.80参照）。

[4] **小分類** 中分類の作業の実行に必要となる細かな作業を記載する。項目数は内容に応じて変更する（P.80参照）。

[5] **実働時間** 業務の遂行にかかる時間を記載する（P.82参照）。

以下のシートはマニュアル準備シートのサンプルフォーマット。各項目に何を書くのか、また記入時の注意点を押さえよう。

マニュアルの対象者	
マニュアル準備シート活用時の気づき	

6	7	8	9	10	11
誰が	誰に	新人難度	関連書類の有無	資料URL	備　考

6 **誰　が** その業務を行う者を記載する(P.84参照)。

---

7 **誰　に** 「誰が」の目的となる関係者を記載する(P.84参照)。

---

8 **新人難度** 業務の難易度を示し、マニュアルの必要性や緊急性などの判断基準にする(P.84参照)。

---

9 **関連書類の有無** 既存のマニュアルやチェックリストなどの関連書類の有無を記載する(P.84参照)。

---

10 **資料URL** 参考サイトやWeb上で共有する資料があれば記載する(P.84参照)。

---

11 **備　考** 業務に感じるムリ・ムダ・ムラや課題、付属したい資料など、その他の特筆事項があれば記載する(P.84参照)。

マニュアル準備シートの使い方① 概要や人数などを書く

POINT
- ◆ 業務の概要を文字にして起こす。
- ◆ マニュアル準備シートへの書き出しがブレなく進む。
- ◆ あらためてマニュアル作成の必要性を判別できる。

○ マニュアル準備シート作成前の準備運動

マニュアル準備シートの各項目を埋めていく前に、まずは**業務の概要や関係者人数などの、業務にまつわる周辺情報**について書き出していきます。「これから洗い出していくのはどのような業務か」「その業務にかかわる人数は」「これまでの新人教育では、どのように業務を教えてきたのか」そして「一人前になるまでの期間と、そこに至るのが早い人と遅い人の差」などです。マニュアル準備シートの作成前に行う、準備運動になります。

○ 頭の中にとどめず、書き出すことが大切

業務の概要はなんとなく頭の中に入っているから、わざわざ書き出す必要はないと思うかもしれません。しかし**頭の中にぼんやりと思い浮かべられる程度では、具体性に欠けています。**文字にして表すことで、それらは、初めて輪郭《りんかく》を伴うのです。概要を書き出しておけば、業務の内容をあらためて把握して俯瞰できるようになり、マニュアル準備シートへの書き出しもブレることなく進められるようになります。

関係者の人数については、マニュアルの読み手となる人の数はもちろん、既存社員やマネージメント担当者、業務委託をしている場合は、その人数も記載しておきます。

さらに一人前になるまでの期間と、そこに至るのが早い人と遅い人の差を記載します。これにより業務の難易度が明確になり、「実はこのマニュアルは必要ではないのかもしれない」などと、**マニュアルそのものの必要性について再考するきっかけも生まれます。**

マニュアルは、「困っている度合いが高い業務」ほど、優先的に作成するべきです。これらを書き出すことで、その業務の必要性を可視化します。

MEMO 「これまでの教育方法」を記載しておくことで、今後マニュアルを使って教育するときの場面想定がしやすくなるだけでなく、社員教育の問題点を見つけるきっかけにもなる。

業務の概要などの事項を書き出しておく

書き出す事項と項目

マニュアル準備シートの作成前に、準備運動として業務の現状についての事項を書き出しておく。

書き出す事項	目　的
マニュアル化したい業務名	「営業」「月末経理処理」などマニュアル化したい業務名を明記する
業務の概要	文字で書き起こすことで、業務を俯瞰できる。ブレなくマニュアル準備シートへの書き出しが進む
関係者の人数(内訳)	マネージャー、既存社員、新人社員、委託事業者などを記載し、業務にかかわる人数を把握する
これまでの教育方法	社員に対してどのような教育をしているかを書き出しておき、その内容をあらためて把握する。教育に使用するマニュアルや資料の有無も併せて書き出す
一人前になる期間と成長の差	その業務において一人前になるにはどのくらいの期間が必要か。また成長が早い人と遅い人の差を書き出し、その業務にマニュアルが本当に必要か判断する
マニュアルの対象者	マニュアルを使う人を書く。その際、階段化(P.68参照)に留意すること

● 記入例

マニュアル化したい業務名	法人向け営業
業務の概要	当社のサービスを企業向けに営業する業務
関係者の人数(内訳)	合計12名。マネージャー 1名。社員11名(うち新人2名)
これまでの教育方法	入社後の教育研修で営業の概要説明があり、配属後にOJT。専門的な資料の用意はない。
一人前になる期間と成長の差	早い人で3ヶ月、遅くても半年程度。コミュニケーションの能力のレベルが売り上げに直結している傾向が見られる。

マニュアルの対象者	新卒社員
マニュアル準備シート活用時の気づき	

マニュアル準備シートの使い方② 問題点や不安点を書く

POINT

- ◆ 問題点や不安点を思いつくままに書き出す。
- ◆ 前もって問題点や不安点はつぶしておく。
- ◆ 作成を滞らせずにゴールへ向かう。

○ マインド整理の一環として行う

マニュアル作成にあたっての問題点や不安点も、併せて書き出しておきます。たとえば「以前もマニュアル作成を試みたが、業務の洗い出し方がわからずに頓挫した」や「業務内容の言語化や情報整理がうまくできるか不安」といったものです。これらは、あくまでもマインド整理の一環であり、マニュアルの内容に直接盛り込む事項ではありませんので、**思いつくままに書き出してみてください。**

○ 問題点や不安点の対処法を準備しておく

問題点や不安点を「見える化」しておくと、**マニュアル作成時にぶつかりそうな壁の回避策を検討できるほか、ぶつかってしまったときの対処法についても、事前に考えておけます。**

たとえば「自分だけでは正確に業務を洗い出せるかわからない」という不安があるとすれば、ヒアリングの必要性を感じられるとともに、その対象者の選定をしなければならないことに気づきます。「洗い出す内容はイメージできているが、言語化の自信がない」のであれば、文章作成に定評のある人にチェックを依頼するなどの対策を整えておけるでしょう。

とにかく、**マニュアル作成に入る前や、その過程において生じかねない問題点や不安点は、事前に発見・確認してつぶしておくことが大切**です。この作業を怠ったままマニュアル作成を進めると、途中で問題点や不安な点に直面したときに、対処しきれないまま作成がストップしてしまうような事態にもなりかねません。ですので、マニュアルの出来上がりというゴールへと滞りなくたどり着くためには、問題点や不安点の書き出しは大切な要素になるのです。

MEMO マニュアル準備シート上部に記載する項目は、のちにマニュアルの「マインドセット」（P.100参照）を記入する際の、話のネタにもなる。

問題点や不安点を書き出して対処する

事前に問題点や不安点を明確にして対処する

マニュアル作成を始めれば、問題点や不安点も生じるはず。それらはすべて事前に書き出しておき、マニュアル作成前に対処法を考えておく。

問題点や不安点の例

- マニュアル作成に失敗した経験がある
- 作成方法をまだ十分に理解できていない
- ほかの業務と並行できるか不安
- 作成時間が限られている
- 言語化や情報整理が苦手
- ほかの社員が協力的ではない
- イラストや図表の作成が得意ではない
- どのソフトで作成するか悩む

など

● 記入例

<table>
<tr><td>マニュアル化したい業務名</td><td>法人向け営業</td><td rowspan="2">マニュアルの対象者</td><td rowspan="2">新卒社員</td></tr>
<tr><td>業務の概要</td><td>当社のサービスを企業向けに営業する業務</td></tr>
<tr><td>関係者の人数（内訳）</td><td>合計12名。マネージャー 1名。社員11名（うち新人2名）</td><td rowspan="3">マニュアル準備シート活用時の気づき</td><td rowspan="3">実働時間の記載に手間取った。人によって時間が変わってくるので規定の時間を定めるのが難しかった。</td></tr>
<tr><td>これまでの教育方法</td><td>入社後の教育研修で営業の概要説明があり、配属後にOJT。専門的な資料の用意はない。</td></tr>
<tr><td>一人前になる期間と成長の差</td><td>早い人で3ヶ月、遅くても半年程度。コミュニケーションの能力のレベルが売り上げに直結している傾向が見られる。</td></tr>
</table>

Check

マニュアル準備シートは業務の洗い出しだけではなく、このように懸念事項を可視化するのにも有効です。業務にまつわる物事を言葉にして可視化することで、マニュアル作成の段階で頓挫してしまうケースを避けられるようになります。

マニュアル準備シートの使い方③ 小分類から書き出す

POINT

- ◆「小分類」→「中分類」→「大分類」の順に埋める。
- ◆「小分類」には、粒度《りゅうど》の細かい作業を書き出す。
- ◆マニュアル化する業務を体系的に示すのが目的。

○ 業務の分類は「小分類」から始める

「業務の概要」や「問題点や不安点」などの書き出しが完了したら、本格的にマニュアル準備シートの項目を埋めていきます。手順としては、**まずは「小分類」からスタートし、続けて「中分類」と「大分類」を書き出します。**その３項目の書き出し後に、その他の項目も埋めていきます。

○ 業務を体系化しやすくなる

「小分類」というのは、業務における作業の詳細です。たとえば、アポイントを例にとると、「ターゲットになるお客様を選定する」や「お客様情報を調査する」「お客様に電話をする」「状況をヒアリングする」といったものが「小分類」にあたります。「小分類」から書き出す理由は、業務を体系的に捉えるためです。マニュアルでは、業務を体系化して示す必要がありますが、業務を体系的に捉えるのは簡単ではありません。そこで比較的思い浮かべやすい、粒度が細かな作業の詳細から埋めていき、業務の体系化を進めていこうというわけです。

「小分類」を関連する作業ごとにひとつの房のようにまとめていくと、自然と「中分類」を区分できるようになります。「中分類」には、**「小分類」のそれぞれの細かな作業が、何を遂行するためのものかを書き出します。**先の例だと、「ターゲットになるお客様を選定する」や「お客様情報を調査する」は「ストーリー作り」、「お客様に電話をする」や「状況をヒアリングする」は「お客様への架電」とそれぞれ「中分類」にまとめられます。そして、「中分類」をまとめることにより、業務の「大分類」に「アポイント」と入れることができるのです。このように「小分類」から「中分類」「大分類」の順に埋めていくことで、業務を体系化しやすくなります。

MEMO 「小分類」と「中分類」が、マニュアル内で行動手順を示す「ワークフロー」と、行動の詳細を示す「オペレーション」の枠組みになる。第４章のP.106、P.110で詳説。

業務内容を分類する流れ

「小分類」から書き出す

業務における細かな作業の詳細から書き出していくと、体系化しやすくなる。

小分類 業務の中で最も粒度が細かい作業の詳細

例「ターゲットになるお客様を選定する」、「お客様情報を調査する」、「状況をヒアリングする」など

▼

中分類 「小分類」の作業をたばね、分類する

例「ターゲットになるお客様を選定する」「お客様情報を調査する」→「ストーリー作り」

▼

大分類 「中分類」をさらに大枠でまとめる

例「ストーリー作り」「お客様への架電」→「アポイント」

● 記入例

マニュアル準備シート

大分類		中分類	小分類
1	アポイント	(1)ストーリー作り	①ターゲットになるお客様を選定する
			②お客様情報を調査する
			③プランのゴールを設定する
			④ストーリーを組み立てる
			⑤リーダーへ報告・フィードバック
			⑥コンタクト手段を決定する
		(2)お客様への架電	①お客様に電話をする
			②状況をヒアリングする

Check

「中分類」と「小分類」にはそれぞれ(1)や①など作業の階層を示す番号を入れておくとよいでしょう。番号で階層分けしておくことで、作業工程が細分化して多くなったとしても、のちにマニュアルを書いていく段階になったときに作業や内容の整理が簡単になり、マニュアル作成が少しラクになります。

マニュアル準備シートの使い方④ 実働時間を入れる

POINT
- ◆「実働時間」と「期間」の違いを理解しよう。
- ◆作業にかかる時間が「実働時間」。
- ◆「実働時間」が長い業務のマニュアル化に注力する。

○ 実際に作業にかかる時間を記載する

「実働時間」には、その項目名のとおり「作業にかかる時間」を記載しますが、注意すべき点は**「実働時間」と「期間」の違いを理解しておく**ことです。

たとえば、提案資料の作成をするとしましょう。お客様への提出期限は１週間後ですが、作成時間の目安を２時間と設定したとします。このうち、期限となる１週間は「期間」、作成時間の２時間が「実働時間」となります。したがって、「実働時間」には、期限の１週間ではなく、実際に作業にかかる「２時間」と記載します。

○ マニュアル化に注力する業務の判断材料

マニュアル準備シートに「実働時間」を書き出していく理由は、**マニュアル化に注力すべき業務を判別するため**です。「実働時間」が短い業務ほど、マニュアル作成にかける時間は短縮できます。誰もが１分で完了させられるような簡単な業務であれば、マニュアルで詳しく説明する必要はないどころか、マニュアル自体が不要だと判断できる場合もあります。そのような業務のマニュアル化に時間をかけるのはムダです。

反対に、１時間、２時間、３時間と長い時間をかける難度の高い業務については、内容を事細かく説明すべきであり、そうなると当然マニュアル作成にも時間がかかります。

実態として、難度が高い業務ほど属人化する傾向にあります。マニュアルは、業務の再現性を高めて属人化を防ぐことが作成目的のひとつですので、**属人化が起きやすい業務ほど時間をかけて作成すべき**なのです。マニュアル化に注力すべき業務の判断材料にするためにも、おおよその目安でかまいませんので、「実働時間」は記載するようにしましょう。

MEMO 「実働時間」は、マニュアル作成の時間目安としてだけでなく、マニュアルに業務遂行の「目標時間」などとして記載することもできる。

実働時間と期間の区別

「実働時間」に記載する“時間”

「実働時間」と「期間」は異なるもの。ここではそれぞれの違いを理解しておく。

実働時間

作業にかける“時間”。準備や期限など、作業にあたっていない時間は含まれない

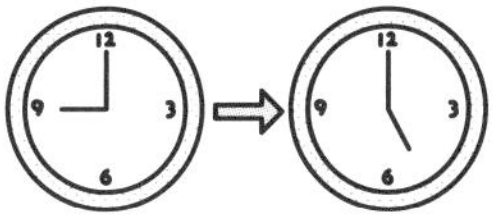

期　間

準備や期限など、実際に作業にあたっていない時間も含めたものが“期間”

3月	月	火	水	木	金
	1	2	3	4	5
	8	9	10	11	12
	15	16	17	18	19

マニュアル準備シートの「実働時間」に記載するのは「期間」ではなく、作業にかける「時間」。それぞれの作業にかかる「実働時間」が見えるようになると、マニュアル作成にかかるスケジュールを立てられるようになる。「実働時間」が長く難度の高い業務は、マニュアル作成に時間がかかることが予想できる

● 記入例

中分類	小分類	実働時間（分）	誰が	誰に
(1)ストーリー作り	①ターゲットになるお客様を選定する	60分		
	②お客様情報を調査する	60分		
	③プランのゴールを設定する	60分		
	④ストーリーを組み立てる	60分		
	⑤リーダーへ報告･フィードバック	60分		
	⑥コンタクト手段を決定する	30分		
(2)お客様への架電	①お客様に電話をする	5分		
	②状況をヒアリングする	10分～		

Check

資料作成のみならず、業務には上司に確認してもらわなければならない場面が多々あります。そこには確認にかかる「待ち時間」がつきもの。マニュアル準備シートの「実働時間」には、この「待ち時間」は考慮に入れず記載します。作業にかかる時間が２時間、「待ち時間」の目安が２日であっても、記載するのは「２時間」です。

マニュアル準備シートの使い方⑤ その他の項目

POINT

- ◆「誰が」と「誰に」を書き出す。
- ◆マニュアル作成の参考資料の有無を記載する。
- ◆「備考」は備忘録代わりにも使える。

○ 確認や報告の対象相手を把握する

業務の中には、特定の作業だけをほかの人に行ってもらう場合や、特定の相手への確認や報告が必要になるものがあります。たとえば「お客様の情報を調べる」ことは自分の作業ですが「どのお客様を選定するか」は上司の作業の場合もあります。このような**動作の主体や、確認・報告をする相手を記載するのが、「誰が」「誰に」の項目です。**

たとえば中途採用応募者へ合否通知を出すという業務の場合は、「誰が」に「採用担当者」と記載し、「誰に」には「中途採用応募者」と記載します。ただし、**わざわざ示すほどではないと判断した場合は、省略してもかまいません。**

○ マニュアル作成に役立つ情報を書き出す

「新人難度」には新入社員がこの項目の作業を行う場合の難度を示します。難度が高ければ、この作業項目におけるマニュアルの必要性と緊急性が高いということがわかります。

「関連書類の有無」の項目には、既存のマニュアルやチェックシートなど、マニュアルを作成するにあたって参考材料となりそうな書類や資料があれば、その有無を記載しておきます。また、それらをWeb上で管理している場合や、参考にしたいサイトなどがあれば、「資料URL」の項目にURLを記載しておくとよいでしょう。

マニュアル準備シートの最後の項目となる「備考」に記載する事項については、使い方が特に決められているわけではありません。現状の業務におけるムリ・ムダ・ムラや課題のほか、付属したい資料を記載したり、洗い出しの作業の中で気にかかったことをメモしておくなど、**備忘録代わりとして活用する**のもひとつです。

MEMO　「新人難度」が低い簡単な業務については、マニュアル作成の優先度が低いということがわかる。逆に難度が高いものは優先してマニュアル作成するとよい。

その他の項目に書き出す内容

必要な情報を過不足なく記入

「業務の分類」や「実働時間」以外の項目は、以下のような内容を書き出す。

1「誰が」と「誰に」

誰が	実際にその業務をする人物を書く 例部下が作った資料を上司に確認してもらう場合、「誰が」に書くのは「部下」
誰に	確認をする相手や報告をする相手を書く 例部下が作った資料を上司に確認してもらう場合、「誰に」に書くのは「上司」

2 新人難度

難度の示し方に決まりはない。「低・中・高」や「A・B・C」など、誰が見てもわかるように記載する

3 関連書類の有無・資料 URL

マニュアル作成の参考材料になるものの有無を記載する。またそれらが Web 上にアップされているのであれば、そのサイトの URL も明記する。保管場所を示すのも OK

4 備考

メモや備忘録として使用する。それぞれの業務におけるムリ・ムダ・ムラがある点、現状の課題、更新に備えての気づき、付属したい資料などを記載する

● 記入例

1		2	3		4
誰が	誰に	新人難度	関連書類の有無	資料URL	備　考
営業	上司	低	無		
営業	―	低	無		
営業	―	中	無		
営業	―	低	無		
営業	上司	低	無		
営業	―	中	有	http://XXXXXXXX	サイトが古い可能性あり
営業	お客様	中	有	資料棚に有り	
営業	お客様	高	無		

複雑な仕事のマニュアル化

POINT

◆マニュアルで示すのは「ひとつのパターン」。
◆成功ストーリーに即して王道パターンを確立。
◆パターンの肉付けは、あとからでも可能。

◯ いくつものパターンを盛り込まない

マニュアル準備シートで業務の洗い出しを進める中で、その業務の状況によっては作業手順を入れ替えたり、別の作業を追加しなければならないなどの、例外ケースが存在することが判明したとします。このような例外ケースについてもマニュアル準備シートに記入し、マニュアルに落とし込みたくなるものですが、その必要はありません。マニュアル準備シートとマニュアルには、**その業務における「基本の型」となる「ひとつのパターン」を示す**だけでよいのです。

◯ 一本道の王道パターンを確立して示す

そもそもマニュアルは、業務のスタンダードを示す「基本の型」でなくてはなりません。「基本の型」とは、誰もが確実に結果までたどり着ける王道パターン。これは一本道であるべきです。

たとえいくつものパターンが想定される複雑な業務であっても、マニュアルには、成功ストーリーに即して確立されたひとつの王道パターンを示すのみ。そこに、分岐は存在しません。**もしもあれこれとパターン決めに迷われるようなら、それはまだマニュアル化する業務を絞りきれていない**段階にあるといえます。

そうはいっても、ひとつのパターンを示すだけでは、マニュアルとして物足りないと感じるかもしれません。分岐を想定した、いくつものパターンを示してマニュアルの強度を高めたいと思うこともあるはずです。それでも、**まずはひとつのパターンに絞ってマニュアル準備シートとマニュアルを作成し、「基本の型」を確立させます。**そのうえで、必要に応じて分岐ポイントや手順変更の指示などを肉付けしていきましょう。

MEMO　営業業務では、取引先によって対応方法が変わるケースも多いが、マニュアル作成にあたっては、そのうちの1社とのストーリーを想定しパターンを確立させること。

「基本的な流れ」のみで構成する

示すのはひとつのパターンのみ

例外パターンは記載しない

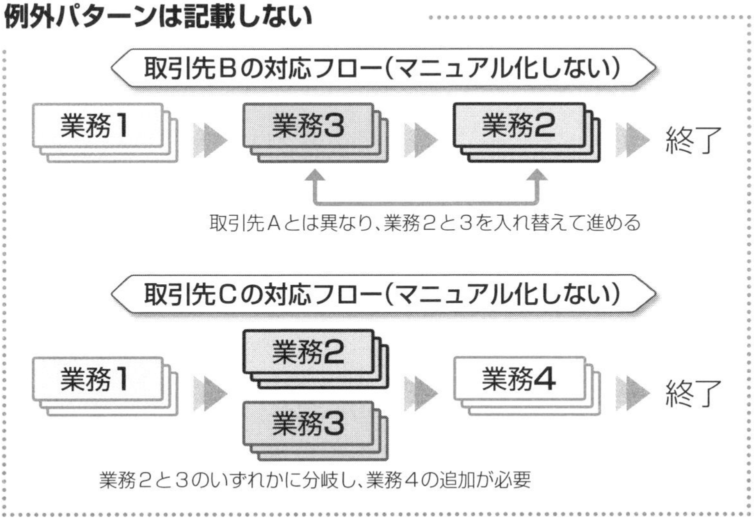

Point マニュアルには「基本的な流れ」である取引先Aへの対応方法や手順だけを示す。いくつものパターンが考えられる業務でも、マニュアルに明示するのはできる限り「基本的な流れ」だけにする

Check

業務内容が多数に分岐するうちは、作業の例外を書かないでいるのは現実的には難しいものです。そのため、マニュアル内には例外や注釈を書くことは仕方のない部分もあります(P.132参照)。しかしながら、本来は業務が洗練されてシンプルになるべきなので、業務改善ではそこを目指すようにしましょう。

成績トップの人のやり方を基準に

POINT

- ◆ 業績が悪い会社でもマニュアル作成には意味がある。
- ◆ 成績がトップの人をマニュアルの基準とする。
- ◆ 検証と修正を繰り返すことで問題点が見つかる。

○ 業績の悪い会社にマニュアルは必要か

前述のとおりマニュアルには、マニュアル化する業務の王道パターンを示します。そして、マニュアルどおりに業務を進めれば、誰もがその王道パターンを再現できる、というのがマニュアルの効果であり利点です。

一方で、次のようなケースではマニュアル作成に二の足を踏む人もいるでしょう。社員の営業成績が軒並み悪く、誰のやり方を基準にするべきか見当もつかない場合などです。このような状況でマニュアルを作成しても、意味がないのではないかと思う人もいるかもしれません。しかし、**どのような状況であれ、マニュアル作成が無意味に終わるということはない**のです。

○ マニュアル作成を通してイノベーションを起こす

上記のような状況においてまず解決しておきたい問題は、「誰のやり方」を基準にするのかという点。これについては、「成績がトップの人」というのが答えです。軒並み営業成績が悪いとはいえ、そんな中でも成績がトップの人は必ずいるはずです。まずは、その人の業務のやり方を洗い出し、マニュアルとして作成してしまいます。

さらに今度は内容について、**他の社員とともに階段化を意識しながら検証し修正を重ねてみましょう。**業務が可視化されたことで問題点が浮き彫りになり、業務自体を改善するきっかけとなる可能性が高まります。これにより、現状を打開することに期待が持てます。そこでまた結果が伴わないようであれば、さらに問題点を洗い出し、業務形態のみならず組織編成や会社のあり方にまで視点を広げてみるのもひとつの手です。

どれだけ芳しくない状況でも、マニュアル作成は必ず何かしらの効果をもたらしますので、ためらうことなく実行してみてください。

用語 イノベーション：技術革新、新機軸。新たな価値や技術を取り入れて、従来の組織構造やサービス、モノ、システムなどに変革をもたらすこと。

マニュアル作成を通じて業務を改善

マニュアルで革新を

どれだけ悪い状況下におかれていても、マニュアルの作成により、好転する可能性が生まれる。

どのような状況でも、マニュアル作成が無意味に終わることはない！

成績トップの社員のやり方を洗い出して、マニュアルを作成し、業務実態を可視化する

マニュアルの内容の検証と更新を繰り返し、実践を重ねていくことで業務を少しずつ改善していく

Check

会社全体の営業成績が悪くても、まずはその中でも営業成績のよい人のやり方をマニュアル化することで基準を作ります。そこから検証と更新を繰り返すことでイノベーションにつなげることが大切です。

COLUMN 3

マクドナルドのマニュアル戦略

1971年、東京・銀座の三越１階に日本第１号店をオープンしたマクドナルドは、調理方法から接客に至るまでの手順やサービスを事細かく記載したマニュアルを導入しました。これにより、スタッフはマニュアルに示されたとおりに動くことで、誰もが一定のレベルでの仕事をこなすことができ、消費者はどこの店舗に行っても、同じ味と同じサービスを楽しめるようになったのです。また、経営者としても人材育成がしやすくなったほか、商品の品質やサービスの均質化を図れるようになるなど、マニュアルはマクドナルドを取り巻くすべての人に便益をもたらしました。食品でありながら、工業製品と同様の発想で高品質と低コストを両立させたマクドナルドのマニュアル戦略は、サービス業界に「合理的な生産と消費」というシステムを知らしめ、外食チェーンをはじめとする同業他社がこぞってマニュアルによるスタッフ教育を取り入れたほどです。

ところで、マクドナルドのメニュー表には、「スマイル０円」という表記があります。これはスタッフに対して、接客における「笑顔」の重要性を説くとともに、消費者に対しては「質の高い接客」をアピールする手段であり、マクドナルドのサービスを象徴するメッセージなのです。

さまざまな業界へマニュアルの導入が拡大されるにつれ、形式的な接客態度が目立つようになったことから、マニュアルは次第に悪者のようなイメージを持たれてしまいました。そんな中でも、マクドナルドはマニュアルを用いた人材教育とサービスに誇りと確信を持ち、「スマイル０円」というメッセージのもとに、高い人材育成力と高品質なサービスの実行に努めてきたというわけです。「スマイル０円」の表記はなくなってしまったものの、マクドナルドの良質なマニュアル戦略は、1971年の第１号店オープンから、今も変わらず受け継がれています。

第4章

見やすくて使いやすいマニュアルを作る

マニュアルを作る際にはいくつかポイント押さえておく必要があります。有用なマニュアルを作成し、可視化の次の段階である仕組化につなげられるようにしましょう。

業務実態に即した内容にする …… 92
マニュアルの文章３原則 …… 94
マニュアルの構成① 基本の構成要素 …… 96
マニュアルの構成② マインドセットの作り方 …… 100
マニュアルの構成③ ワークフローの作り方 …… 106
マニュアルの構成④ オペレーションの作り方 …… 110
フォーマットを用意しておく …… 114
目次と用語集の作り方 …… 118
タイトルを決める …… 122
作成者名の記載は不要 …… 124
文のスタイルを使い分ける …… 126
避けるべき文章表現 …… 128
文字の強調や色づかいは最小限 …… 130
例外ケースや注釈を示す場合 …… 132
イラストや写真を効果的に使う …… 134
動画によるマニュアル …… 136
マニュアルはテストすべきか …… 138

業務実態に即した内容にする

POINT
- ◆業務実態は、ありのままに洗い出す。
- ◆マニュアルの内容は、業務実態に即した内容に。
- ◆理想論を書く必要はない。

○ 業務実態から目を背けない

業務の可視化にあたって重要なのは、「業務実態を把握」するということです。現時点で行っている業務の「目的・結果・行動」に色をつけることなく、実態をありのままに洗い出し、マニュアルへと仕上げていかなければなりません。つまり**マニュアルの内容は、必然的に業務実態に即した内容が示された「基本の型」へと仕上がっていく**はずなのですが、中には本来の業務実態からかけ離れた内容になってしまうケースも見られます。

○ マニュアルは理想論を示すツールではない

業務実態に即していないマニュアル作成の最たる例としては、これまでに誰も実践したことがなく、成功したこともないようなやり方や手順を示したものです。たとえば、マニュアル準備シートで営業業務を洗い出していく中で、「実行の経験はないが、このようなやり方や手順のほうが、アポイントの成功率や契約の成約率を高めるのでは」、「業務をもっとスマートに見せたい」などと思い立って書き出し、実態からそれた内容でマニュアルが構成されてしまうケースです。

こうして出来上がったマニュアルは、誰も経験のないやり方や手順が示されているため、再現性が低くなっています。また、その手順どおりにやったところでそれが成功につながる王道であるかどうかの確証を持てないため、法則性も失われています。

マニュアルは業務の理想論を示すツールではなく、誰もが業務のやり方や結果を均質的に再現できるツールでなくてはなりません。そのようなマニュアル本来の役割を果たせるようにするためにも、業務実態に即したマニュアルを作ることを心がけましょう。

MEMO マニュアルは「創作」するものではなく、現実に即して書くもの。現実とかけ離れた内容のマニュアルになってしまっては、更新以前に使用することも根付かない。

マニュアルは業務実態に即して作成

業務をありのままに洗い出し、マニュアルにする

業務実態に即していないマニュアル	業務実態に即したマニュアル
●洗い出しの段階で実態からかけ離れた業務内容が書き出されている	●業務が実態のとおりに洗い出されている
●誰も実践したことのない業務のやり方や手順が示されている	●常日頃から実行されている業務のやり方や手順を明示
●実践されていないため、成功する保証もない	●何度も成功が実証されている王道パターン
↓	↓
再現性が低下し、教育ツールとしての機能も損なわれる	誰もが業務のやり方や結果を再現できるため、新人教育にも適している

マニュアルに業務の理想論は不要

マニュアルで示すのは、業務実態に即したやり方や手順。業務内容を格好よく見せようとしたり、作成者が考える理想的な業務のやり方や手順を示すなど、実態からかけ離れた内容を示してはマニュアルとしての意味を成さなくなる。

理想論を書いたマニュアルはNG！

02｜見やすくて使いやすいマニュアルを作る

マニュアルの文章3原則

POINT

- ◆文字としての認識がしやすい工夫をする。
- ◆読み手がストレスなく読み進められる文章を書く。
- ◆「階段化」を意識してわかりやすい文章で示す。

◎ 見やすさ・読みやすさ・わかりやすさを意識する

どれだけ秀逸な内容に仕上がっても、文字や文章が読みづらいと、社員はマニュアルを開くことさえ億劫《おっくう》になってしまいます。そこで内容の吟味《ぎんみ》と同じくらい大切にしたいのが、**文字や文章の「見やすさ・読みやすさ・わかりやすさ」を意識する**ことです。その具体的なテクニックとなるのが、**「視認性」「可読性」「判読性」の３原則**です。

◎「視認性」「可読性」「判読性」の３原則

●視認性

「視認性」とは、「文字の見やすさ」を意味します。たとえば、余白が少なく、ビッシリと文字が配置されていると、文字が見えづらくなり情報が埋もれてしまいます。余白を適切に設定するほか、文字間や行間、文字の色やサイズを意識するなど、文字としての認識がしやすくなるような工夫が求められます。

●可読性

「可読性」は、「文章の読みやすさ」を指します。言葉のつながりがおかしい文章だと、読み手は内容の理解が困難になります。文章が長すぎないか、読んでいて疲れないかといった「可読性」の向上に対する意識を持って文章を書く必要があります。

●判読性

「判読性」は、「内容のわかりやすさ」のことです。マニュアルの対象になる読み手の立場で書かれた文章か、誰が読んでも理解できる文章になっているかなど、「階段化」を意識して書くことが「判読性」の向上につながります。

MEMO マニュアルに用語集を付属すると、「判読性」を高める手段のひとつになる。

3つのテクニックでマニュアルを使いやすく

マニュアルに適した文章

マニュアルの文章には「見やすさ・読みやすさ・わかりやすさ」が求められる。これらをクリアするために「視認性」「可読性」「判読性」を向上させる。

視認性

文字の見やすさ

- 余白の設定
- 文字間や行間の設定
- 文字色やサイズ、フォントの設定

可読性

文章の読みやすさ

- 適切な長さの文章を意識する
- 理解に困らない文章を書く
- 読んでいて疲れない文章を書く

判読性

内容のわかりやすさ

- 読み手の立場を考慮した内容にする
- 丁寧に説明し、何をどうすればいいのか理解できるように書く

視認性・可読性・判読性を高めた文章例

悪い文章例

営業先へ訪問した際に担当者にご挨拶をするときは、初めて会う人であろうとそうでなかろうと**営業先訪問シートの記載内容を確認**し特に○○**社**の場合には担当者が頻繁に変わるので**注意をする**ようにする。前任の営業担当者がいる場合はその旨を確認しておくのもよいだろう。

よい文章例

営業先訪問の事前準備をする

- 訪問前に営業先訪問シートの記載内容を確認する
- 特に得意先の○○社は担当者が頻繁に変わるので、前任者に「現在の担当者」が誰か確認しておく

▶ 文章は短くシンプルを心がけ、ムリに長い一文にしない。箇条書きでもOK。曖昧な言い回しを避け、具体的な内容を明記することを意識する

マニュアルの構成① 基本の構成要素

POINT
- ◆マインドセットは、業務の基本的な方針や認識事項。
- ◆ワークフローは、業務の全体の流れ。
- ◆オペレーションは、業務における行動の詳細。

○ マニュアルの構成要素

マニュアル準備シートへの書き出しが完了したら、あとはマニュアルの形に仕上げていくだけです。ここからは、マニュアルの再現性と検索性、そして法則性を高める基本構成要素を確認していきましょう。

マニュアルの記載内容に必須な３要素は「目的・結果・行動」でした。これらをマニュアルのフォーマット上の構成要素に置き換えると、**「マインドセット・ワークフロー・オペレーション」**になります。

○ ３つの基本構成要素

●マインドセット

マインドセットは業務に対する考え方や思いなどを表すものです。読み手に業務遂行へ向けた心構えを身につけさせるため、業務の概要や目的、求める結果などの基本的な方針や共通の認識事項を記載しておきます。

●ワークフロー

対象業務における全体の流れを記載します。ワークフローで業務の始まりから終わりまでを示すことにより、業務を進める中で、今はどの段階にいるのか、次は何をするのかが一目で確認できるようになります。マニュアル準備シートの中分類・小分類を基に作成します。

●オペレーション

対象業務のやり方や手順、ルールなど、具体的な行動を示すのがオペレーションです。ワークフローで示した全体の流れをひとつひとつに分解して、それぞれの行動について細かく説明していきます。

MEMO 「ワークフロー」は業務の「大いなる流れ」、「オペレーション」がその「各論」にあたる。

マニュアルの構成要素

3つの構成要素

マニュアルを構成する３つの基本構成要素の概要を把握し、その必要性を認識することが大切。

マインドセット

目的と結果

読み手に対して、業務に対する考え方や取り組む姿勢、業務の本質や目的、到達するべき結果を示す。これらを共有することにより、業務への向き合い方だけでなく組織としての統一感も生まれる。マニュアル準備シートの上部に記載した内容や、ヒアリングで得られた情報を入れる。

ワークフロー

行動

業務のスタンダードな流れや関係者、所要時間などを示すことで、業務の全体像がつかめるようになる。「次にやるべき作業」が一目でわかるようになるため、業務における迷いの解消につながる。マニュアル準備シートの「小分類」と「中分類」に記載した内容を基に作成する。

オペレーション

行動（詳細）

「ワークフロー」が作業の流れを示すのに対し、「オペレーション」はその作業の手順や方法、ルール、事例などの詳細を伝える。作業の内容を分解して、どれだけ事細かく具体的に伝えられるかがポイントになる。マニュアル準備シートの「小分類」について、具体的に内容を示す。

●「マインドセット」「ワークフロー」「オペレーション」の配置例

訪問営業マニュアル

マインドセット（目的・結果）

訪問営業マニュアル

概要	営業先・得意先をご挨拶もかねて訪問し、当社の新製品を紹介し新規案件につなげる。		
誰が	営業部員が	誰に	営業先・得意先に
目的	利他	社内環境の改善に役立つ製品情報を知ることができる。	
	利己	新規仕事の依頼を受けられる。顔をつなげることができる。	
求める結果	完了期限	完了時の状態	所要時間
	1日以内	3冊以上パンフレットを渡すことができ、新製品を印象づけられた。	▲分

心得　当社にとってもお客様にとっても有益な時間となるように、次の案件につながる訪問をする！

ワークフロー（行動）

開　始

↓

① 営業先・得意先へ移動する ▲分

↓

② 受付で取次依頼をする ▲分

↓

③ 担当者と話す ▲分

↓

④ 営業管理シートに記入する ▲分

↓

⑤ 営業管理シートを保管する ▲分

↓

終　了

1

Point 3要素の配置方法に決められたルールはないが、まとめて配置することですべての要素を一目で把握できるようになる。ただし、まとめて配置するために内容をムリに削ってしまわないこと。内容の多さによっては、それぞれを独立したページに配置してもかまわない

訪問営業マニュアル

オペレーション（行動の詳細）

①	営業先・得意先へ移動する	【目安】▲分

①営業資料を確認する

□営業管理シート
□営業先・得意先リスト
□名刺
□製品パンフレット

②訪問先へ移動する

- 社用車を使う場合は事前に使用許可証を申請し、上長の認可を得る。
- 社用車を使う場合は交通ルールに留意する。
- 移動中も社員の意識を持って行動する。

②	受付で取次依頼をする	【目安】▲分

①訪問先に到着

- 予定の時刻より早すぎる訪問は迷惑になる。５分前に入るようにする。
- 携帯電話はマナーモードに設定する。
- 身だしなみを確認する。

□コートは脱ぐ　□スーツの襟を正す
□ネクタイの結び目がよれていないか確認する（男性）

②受付に用件を伝える

- 以下のように、受付に用件を伝える。

> （例）
> 　お世話になっております。株式会社○○○の△△△△と申します。
> ●●部の××様と▲▲時に面会のお約束をしております。
> お取次ぎをお願いいたします。

2

マニュアルの構成② マインドセットの作り方

POINT
- マインドセットを構成する事項を理解する。
- 特に重要な事項は「目的」と「求める結果」。
- すべての事項を漏れなく記載する。

○ 業務の基本方針や共通認識を示す

マインドセットで示すのは、業務における基本方針や共通認識です。それらを具体的に表すために、**「概要」「誰が・誰に」「目的」、そして「求める結果」を記載します。**

「概要」では、その業務で「どのようなことをするのか」について大まかに説明します。たとえば、アポイントについてのマニュアルであれば、「お客様との初回商談の日程を決定する」といった書き方になります。事細かに記載する必要はありません。

遂行者と対象者を書く理由は、誰が誰のためにする業務なのかを明確にするためです。営業マニュアルの場合は、多くが「営業担当者が、お客様のためにする業務」となります。

○「目的」と「求める結果」がマインドセットの中核

「目的」と「求める結果」は、マインドセットの中でも特に重要な事項です。「目的」は、「なぜその業務が必要になるのか」「何のためにその業務を実行するのか」の2点を踏まえて書きます。ポイントは、**利己的視点と利他的視点を併せて示す**こと。業務が「契約の締結」であれば、利己的視点は「滞りなくかつ確実に契約を結ぶため」、利他的視点は「お客様が安心して契約を結べるようにするため」などとなります。

「求める結果」については、**結果の状態に加えて期限や所要時間も示しておきます。**結果の状態とは、たどり着くべきゴールの基準を意味します。期限や所要時間は、業務に必要な時間や回数、頻度のこと。これらの基準が示されることで、作業スケジュールを立てやすくなるだけでなく、業務における品質の均一化を図れるようになります。

用語　利己的視点：自分の利益を重視した考え方や行動。利他的視点は他人の利益を重視した考え方や行動のこと。

マインドセットの要素

業務再現の指針となるマインドセット

単にやり方や手順がわかるだけでも、業務の再現は可能になるが、業務の基本方針や共通認識などが伝われば、再現性をさらに高められる。

<table>
<tr><th>概要</th><td colspan="4">営業先・得意先をご挨拶もかねて訪問し、当社の新製品を紹介し新規案件につなげる。</td></tr>
<tr><th>誰が</th><td colspan="2">営業部員が</td><th>誰に</th><td>営業先・得意先に</td></tr>
<tr><th rowspan="2">目的</th><th>利他</th><td colspan="3">社内環境の改善に役立つ製品情報を知ることができる。</td></tr>
<tr><th>利己</th><td colspan="3">新規仕事の依頼を受けられる。顔をつなげることができる。</td></tr>
<tr><th rowspan="2">求める結果</th><th>完了期限</th><th colspan="2">完了時の状態</th><th>所要時間</th></tr>
<tr><td>1日以内</td><td colspan="2">3冊以上パンフレットを渡すことができ、新製品を印象づけられた。</td><td>▲分</td></tr>
</table>

概要 どのような業務なのかを把握できるように、わかりやすい言葉で説明する

誰が・誰に 「誰のために」「誰がやる業務なのか」について、それぞれの対象者を書く

目的 業務を遂行する目的を書く。自社のために何をするのかという利己的視点だけでなく、「取引先などの相手のため」という利他的視点の目的も入れる

求める結果 「完了期限」「完了時の状態」「所要時間」の3つを記載する。「完了期限」と「所要時間」はマニュアルを使う対象者のレベルに合わせて設定する。「完了時の状態」には、マニュアルどおりに業務をすることで、たどり着ける結果の状態やゴールの基準を書く。数字や名詞を用いて具体的な状態を示すとよい。

Check

マインドセットには上記の事項以外にも、業務を行うにあたっての「心得」や、ミスが多い作業の「注意点」、スムーズに進めるための「コツ」なども併せて書いておくとよいでしょう。

マインドセット

例文

飲食店の接客対応マニュアル

<table>
<tr><td>概要</td><td colspan="4">ご来店されたお客様を席まで案内し、注文をとり、料理の提供、会計、片づけまでを行い、次のお客様への案内準備を進める。</td></tr>
<tr><td>誰が</td><td colspan="2">ホールスタッフが</td><td>誰に</td><td>お客様に</td></tr>
<tr><td rowspan="2">目的</td><td>利 他</td><td colspan="3">お客様にいつ来ても居心地よく店内で過ごしてもらう。</td></tr>
<tr><td>利 己</td><td colspan="3">高レベルかつ均質な接客対応をすることで、安定した顧客獲得につながる。</td></tr>
<tr><td rowspan="2">求める結果</td><td>完了期限</td><td colspan="2">完了時の状態</td><td>所要時間</td></tr>
<tr><td>来店から退店まで</td><td colspan="2">お客様にご満足いただけた状態かつ、テーブルが片付けられ次の案内がいつでもできる状態。</td><td>30分～90分（利用時間による）</td></tr>
</table>

接客の心得

どんなにおいしい料理が出されても、接客対応が悪ければ、お客様にとってそのお店の評価は最悪なものになります。お客様は単に食事をしに来るのではなく、このお店での「時間」を過ごしに来ているのです。居心地のよい環境を目指すうえで、接客はとても重要です。「接客はホテルのように、丁寧に」先代店主の教えを胸にとどめ、接客のプロになったつもりで、対応にあたりましょう。

基本のマインドセットに加えて「心得」や「思い」を書いてもよい

Check

読み手の心情を揺さぶるため、業務の心構えやスピリット、業務理念などの強く伝えたい「考え」や「思い」や「気持ち」は長文で書いてもよいです。共感性を与えるためにセリフを入れたり、実例を示したりすると、より説得力が増します。ただし、あまりに長くなって説明が冗長的にならないよう、気を付けましょう。

マインドセット

例文

営業ロープレマニュアル

概要	現場に入る前に、商談現場でのプレゼンや提案をロープレする。営業プロセスごとに都度行う。特に新人の場合は、ともにプロジェクトを進めている上司や先輩社員と、綿密にロープレをする。		
誰が	新人社員が	誰に	上司・先輩社員に
目的	利 他	（お客様にとって）商品説明がわかりやすくなる。	
	利 己	実際の現場に出る前に商談のイメージを明確に固められ、自信がつく。	
求める結果	完了期限	完了時の状態	所要時間
	特になし	改善点を明確にし、プレゼンのクオリティを高められた状態。	60分

● **心得**

ロープレを練習とは思わず、まずは本番のつもりで臨む。
ロープレは失敗を恐れず取り組む。

● **注意点**

所要時間を60分としているが、これは一度の実演ではなく、何度も繰り返し行った合計回数の目安。短い時間で何度も行う。

● **コツ・ポイント**

毎回同じ人とロープレをするのではなく、人を変えてやるとまた違った意見が出てくる。動画撮影して、客観的に分析するのも効果的。

「心得」のほかに「注意点」「コツ・ポイント」なども入れると、目的と結果へのイメージが明確になる

Point 「考えや思い」の生々しさが伝わるように、できるだけ普段から使うような言葉づかいで書くと、読み手にもマニュアルが親しみ深いものになる

●長文のマインドセット

P102・103のような形式にとらわれず、以下のような長文や、ページをまたいでマインドセットを書いてもよい。

マインドセット

例文

営業の心得① 清潔感と明るい笑顔、ハキハキ喋る!

人間の第一印象は初対面の３～５秒で決まるといわれています。

営業にとって第一印象は、商談の成功にかかわるといっても過言ではありません。3～5秒で決まるとなると、挨拶時にはもうあなたの第一印象が決まっているのです。

以下のポイントを押さえて、まずは服装と身だしなみから、第一印象をよいものにしましょう。

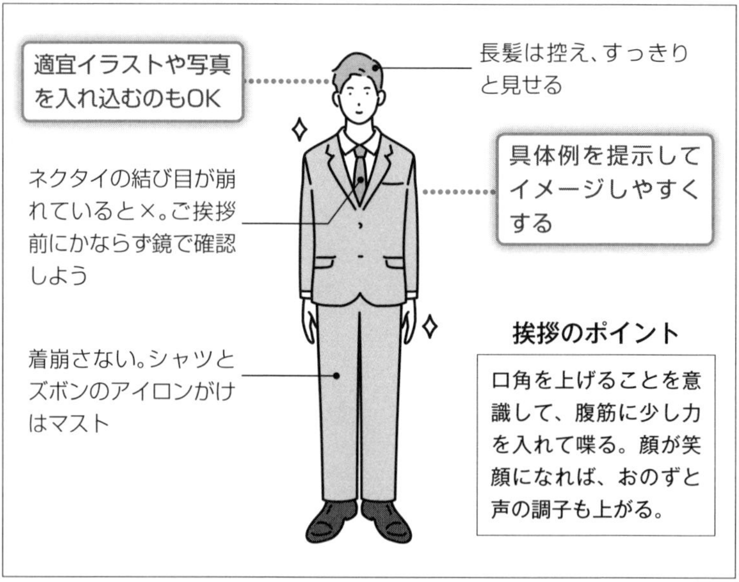

Point 長文でマインドセットを書きたい場合は、なぜ「考えや思い」を伝えようとしているのかについての理由を示すようにする。そうすることで、伝えたい内容の「目的」をはっきりすることができる

マインドセット

例文

介護実務のポイント

● **言葉づかいに気を付ける**

お客様に安心感を持ってもらえることは大事ですが、まずはこちらが敬意を持って接しなければその関係も成り立ちません。丁寧な言葉づかいはもちろん、かたい表現もやさしく言い換えることで印象は大きく変わります。たとえば以下のように言い換えます。

×～しなさい	→	○～しましょう
×利用者、被介護者	→	○お客様
×介助する	→	○お手伝いする

● **気弱なところを見せてはいけない**

禁止事項の連発はしないようにする

お客様やご家族の中には、当施設を悲観的な気持ちでご利用されている方が残念ながらいらっしゃいます。「安心感」は施設のコンセプトの基本です。自分まで悲観的になって、お客様に不安を与えないようにしましょう。

● **目標を立てよう！**

数項目に分けて数を絞り、シンプルで見やすくする

ただやみくもにその日の業務をこなすだけでは、仕事は続きません。小さなことでも、大きなことでも、目標を立ててモチベーションを維持しましょう。ほかの人と目標を共有するとさらに効果は高まります。

Point 「タイトルや見出しを読めば意味がわかるだろう」とは思わず、その内容についてきちんと説明することを心がける。また、説明には具体例を入れると相手はイメージしやすくなる

マニュアルの構成③ ワークフローの作り方

POINT

- 業務を進める順番を時系列で示す。
- 作業は上から下へ降りるように並べる。
- 作業をムリに整理したり省略したりしない。

「小分類」に記載した作業を並べる

業務の流れを示すのがワークフローです。そのため、ワークフローには、必ず対象となる業務をどのような順番で進めていくのかが一目でわかるように書く必要があります。

とはいっても、ワークフローの作成はそれほど難しい作業ではありません。基本的には、既に書き出しが完了しているであろう**マニュアル準備シートの「中分類」と「小分類」に記載した作業内容を、時系列に並べていくだけ**です。そこに、それぞれの作業にかかる所要時間の目安や、その業務にかかわる関係者も記載しておくと(P.109参照)、作業を進めるペースや役割分担を把握しやすくなるでしょう。

ワークフロー作成のポイント

ワークフローの作成にあたって重視すべきポイントは、とにかく**「業務の流れが一目でわかる」ように書く**ことです。具体的には、上から下へと降りるように一方向に統一し、矢印を用いながら作業の順番を示すことでわかりやすいワークフローになります。上や斜め上へと逆流するような書き方は、読み手が作業を体系的に理解しにくくなり、戸惑わせる要因にもなりかねないので避けましょう。

また、ワークフローの分岐が複雑化してしまったり、項目数があまりにも多くなったときに、どうにかしてひとつにまとめようとして、ムリヤリ作業の整理や省略をしないようにしましょう。**もしもフローが肥大化しそうになった場合は、業務をさらに分けて別のワークフローを作成する**ようにします。ワークフローは、シンプルであればあるほど作業の流れが把握しやすくなるのです。

MEMO 作業をムリに調整して示そうとすると、ワークフローの入口と出口が違ってしまうケースに陥ることもあるので注意。

ワークフロー作成の手順

ワークフロー作成の手順

マニュアル準備シート			
大分類		中分類	小分類
1	アポイント	(1)ストーリー作り	①ターゲットになるお客様を選定する
			②お客様情報を調査する
			③プランのゴールを設定する
			④ストーリーを組み立てる
			⑤リーダーへ報告·フィードバック
			⑥コンタクト手段を決定する
		(2)お客様への架電	①お客様に電話をする
			②状況をヒアリングする

Point 「中分類」か「小分類」のどちらかだけでワークフローを作成してもよい。具体例は第6章を参照。

ワークフロー作成時の注意点

作業項目の多いワークフロー

項目数が多く、ワークフローが膨らむ場合は、作業の整理や省略をせずに、ワークフローを分けて作成する。

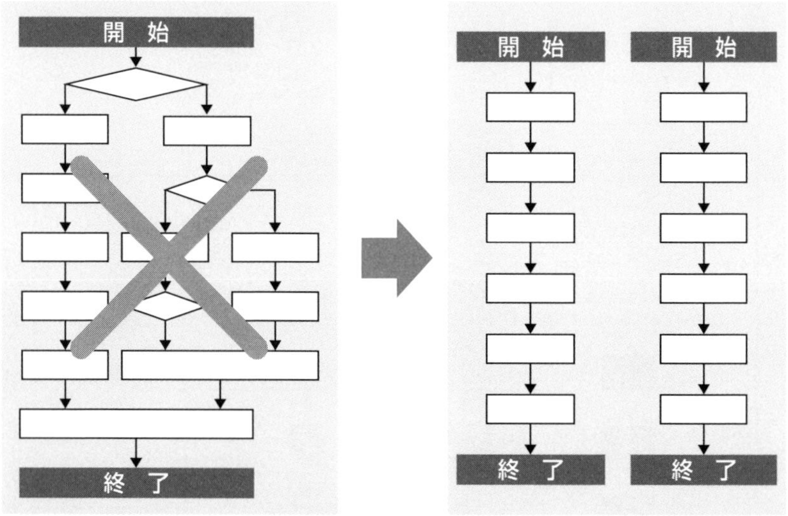

混乱させるワークフローはNG

横からスタートしたり、矢印が不要な箇所で上へ向かったりするなど、業務の流れが見えにくいワークフローにしないようにする。

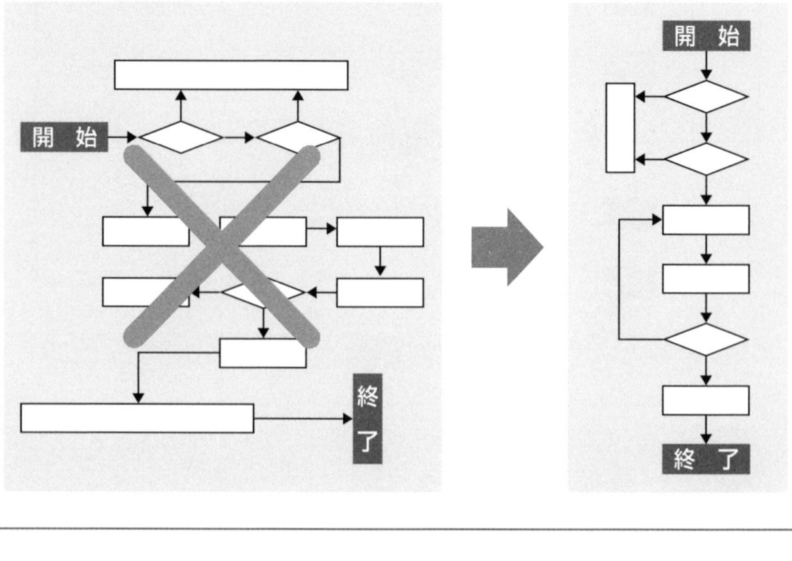

●関係者や期間を記載したワークフロー

関係者や期間を示す場合は、横軸に関係者、縦軸に期間を記載する。関係者がかかわる業務であれば、関係者の欄に対応を記載して矢印でつなぐ。

訪問営業のワークフロー(例)

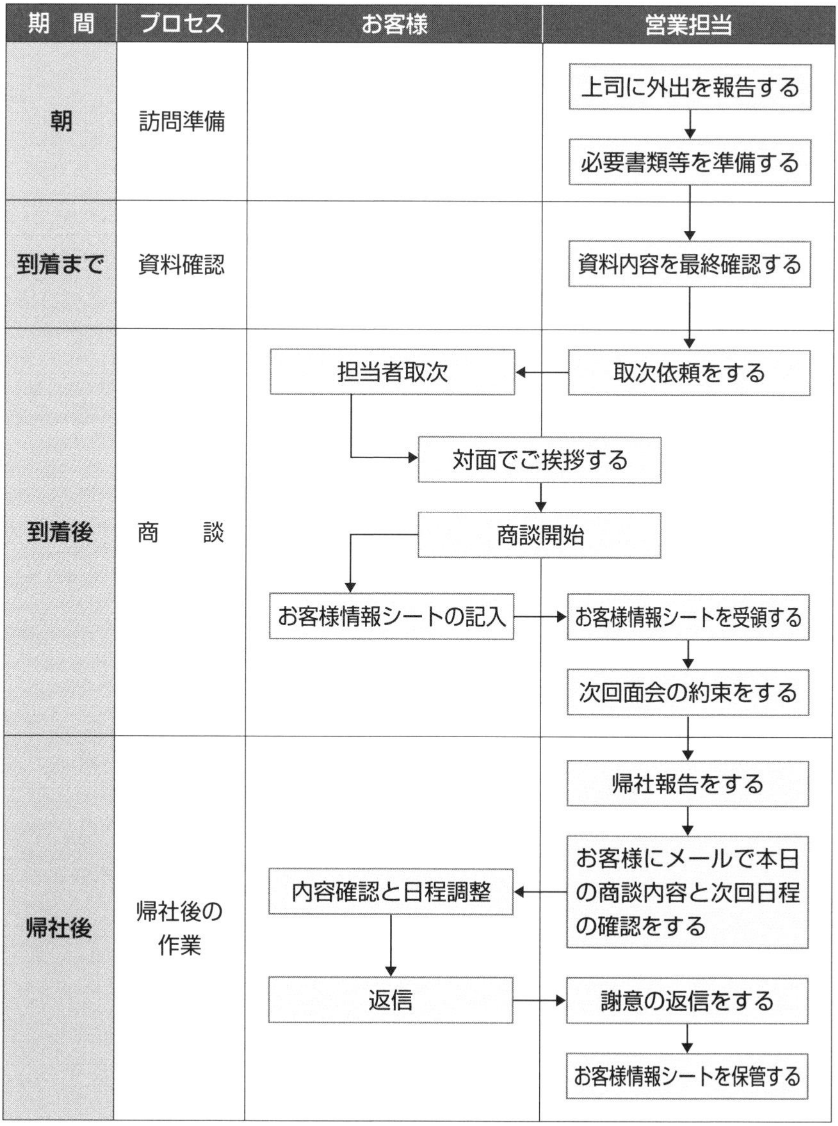

マニュアルの構成④ オペレーションの作り方

POINT
- ◆ ワークフローで並べた作業を分解する。
- ◆ 分解するのは「小分類」の内容。
- ◆ 「基本の型」であることを忘れない。

◎ 作業を分解して行動の詳細を示す

マニュアルを構成する3つめの要素は、オペレーションです。オペレーションは、業務における具体的な行動を示すもの。ワークフローで並べた作業をひとつひとつに分解して、その項目ごとにどのような行動をするのか、どんな手順で進めていくのか、何に注意すべきかといった詳細な情報を記載していきます。**マニュアル準備シートの「小分類」とワークフローに記載した作業がオペレーションの各項目名になっていきます。**

◎ オペレーション作成のポイント

オペレーションを作成するうえでのポイントは、**できる限り事細かく方法や手順を示す**ことです。たとえば、「アポイント」や「商談」のオペレーションであれば、準備しておく物や話すべき内容はもちろん、何から話し始めるか、どのような流れで話を進めていくかなどもわかるトークスクリプトを付けておくとよいでしょう。また、契約書や案内書類などの業務で使用する書類のサンプルを載せたり、業務内で使う設備や用具の写真を挿入するなど、具体例を提示すると効果的です。

もうひとつ意識しておくべき点は、マニュアルが業務の「基本の型」であるということ。イレギュラーの場面も想定して、いくつもの行動パターンを示したいところですが、オペレーションに記載するのはひとつのパターンが原則。**どうしても必要であるならば、なるべく少なく絞って示すようにしましょう。**まずは、「基本の型」をしっかりと書くということが重要です。

例外的にイレギュラーな内容を記した注釈や追記事項を入れたい場合は、王道であるパターンの再現性を損なわないように明記する必要があります。注釈や例外ケースの書き方についてはP.132で詳しく解説します。

用語 トークスクリプト：営業台本。営業において、お客様にどのように話すか、どのように商談を進めていくかを具体的に記したもの。テレアポで活用される場面が多い。

オペレーションの作り方とポイント

作業の詳細を示す

オペレーションで示す内容は、主に作業の詳細。ワークフローが見出しになり、項目ごとに説明をしていく。

概要	営業先・得意先をご挨拶もかねて訪問し、当社の新製品を紹介し新規案件につなげる。		
誰が	営業部員が	誰に	営業先・得意先に
目的	利他	社内環境の改善に役立つ製品情報を知ることができる。	
	利己	新規仕事の依頼を受けられる。顔をつなげることができる。	
求める結果	完了期限	完了時の状態	所要時間
	1日以内	３冊以上パンフレットを渡すことができ、新製品を印象づけられた。	▲分

心得　当社にとってもお客様にとっても有益な時間となるように、次の案件につながる訪問をする！

	開始	
①	営業先・得意先へ移動する	▲分
②	受付で取次依頼をする	▲分
③	担当者と話す	▲分
④	営業管理シートに記入する	▲分
⑤	営業管理シートを保管する	▲分
	終了	

① 営業先・得意先へ移動する　【目安】▲

①営業資料を確認する

□営業管理シート
□営業先・得意先リスト
□名刺
□製品パンフレット

②訪問先へ移動する

・社用車を使う場合は事前に使用許可証を申請し、上長の認可を得る。
・社用車を使う場合は交通ルールに留意する。
・移動中も社員の意識を持って行動する。

② 受付で取次依頼をする　【目安】▲

①訪問先に到着

・予定の時刻より早すぎる訪問は迷惑になる。５分前に入るようにする。
・携帯電話はマナーモードに設定する。
・身だしなみを確認する。
□コートは脱ぐ　　□スーツの襟を正す
□ネクタイの結び目がよれていないか確認する（男性）

②受付に用件を伝える

・以下のように、受付に用件を伝える。

（例）
　お世話になっております。株式会社〇〇〇の△△△△と申します。
●●部の××様と▲▲時に面会のお約束をしております。
お取次ぎをお願いいたします。

Point　作業の準備段階で用意しておく物や確認事項、実行する作業内容や手順といった詳細について書き示す。「階段化」を意識し、マニュアルの対象者が理解しやすく確実に実行できるであろう難易度の内容にまとめる

アポイントや商談時のセリフを書きまとめたトークスクリプトや、契約書、発注書、請求書といった書類のサンプルなども付属するとよいでしょう。また、それらの使い方や記入手順などについての説明書きを添えるのも OK です。

●オペレーションの具体例

ここでは最も基本的な、文章のみのオペレーションの具体例を掲載している。王道パターンの例外を示す場合はP.132を、写真やイラスト、関連動画が入るパターンはP.134～137を、それぞれ参照すること。

①	営業先・得意先へ移動する	【目安】15分～

①営業資料を確認する

□営業管理シート
□営業先・得意先リスト
□名刺
□製品パンフレット

> 一行一意の箇条書きにするとわかりやすい

②訪問先へ移動する

・社用車を使う場合は事前に使用許可証を申請し、上長の認可を得る。
・社用車を使う場合は交通ルールに留意する。
・移動中も社員の意識を持って行動する。

②	受付で取次依頼をする	【目安】5分程度

> 時間が決まっていないものについては、あくまで目安なので暫定でもOK

①訪問先に到着

・予定の時刻より早すぎる訪問は迷惑になる。5分前
・携帯電話はマナーモードに設定する。
・身だしなみを確認する。
□コートは脱ぐ　　□スーツの襟を正す
□ネクタイの結び目がよれていないか確認する（男性）

②受付に用件を伝える

・以下のように、受付に用件を伝える。

> （例）
> お世話になっております。株式会社〇〇〇の△△△△と申します。
> ●●部の××様と▲▲時に面会のお約束をしております。
> お取次ぎをお願いいたします。

Point 示す業務のパターンはひとつに絞り、イレギュラーな場面の対応方法などを示したい場合でも、たくさんのケースは書きすぎないこと

●トークスクリプトのサンプル例

流　れ	トーク例
電　話	営　業：「〇〇様のお電話でお間違いないでしょうか？私、医療機器の生産・販売をしている株式会社▲▲▲の××と申します。以前にも、弊社から案件のお話をしていたかと思うのですが、その後いかがでしょうか」 お客様：お客様が案件のお話を思い出そうとしている →話し始めるまで待つ 断りの話を入れられる →どういった理由かをヒアリングする

Point 場面ごとのトーク例と流れはセットで示す。トークの切り出し方、相手からの質問に対する受け答えなど、セリフの具体的な例を示すこと

●書類を挿入する場合の例

5	必要書類の準備	【目安】5分

・捺印と社名の記入に注意して書類を準備する。

事前に会社印を捺印

業務提携契約書

株式会社▲▲▲(以下、甲とする)は＿＿＿＿＿＿(以下、乙とする)と次のとおり業務上の契約を締結する。

お客様の会社名を入れる

第1条
甲は乙に対し、下記第3条、第4条、第5条の場合において自社製品の貸し出しを行う。

第2条
期間は4年での更新とし、契約更新をする場合は同契約書の再締結を行うこと。

Point 契約書のどこに何が書かれているかを目立たせて説明する。金額や名前などの記入ミスが起きやすい箇所には、注意書きをしておく。ただし、過度に丁寧な説明は不要

フォーマットを用意しておく

POINT
- ◆フォーマットには、３つの基本構成要素を配置。
- ◆マニュアル準備シートの作成後に用意する。
- ◆法則性を重視したフォーマットを作成する。

◎ フォーマットの必要性

ここまでの説明をもとにさっそくマニュアル作成を始めたいところですが、その前に用意しておくものがあります。それはフォーマットです。

マニュアルのフォーマットに求められる要素は「目的・結果・行動」です。そしてこれらを示すものこそが、マインドセット、ワークフロー、オペレーションなのです。つまり、**あらかじめマインドセット、ワークフロー、オペレーションの配置場所やサイズを決めたフォーマットを用意しておけば、マニュアル作成をスムーズに進められるようになる**わけです。

◎ フォーマット作成のタイミングとルール設定

初めてマニュアルを作成する場合、**フォーマットを作成する最適なタイミングは、マニュアル準備シートへの書き出し後**です。可視化する業務の内容やボリュームを把握し、それに応じたフォーマットを作成します。

フォーマットは一度作成してしまえば、他の業務をマニュアル化するときにも流用が可能です。ただし、マニュアル準備シートに照らし合わせて、そのフォーマットがマニュアル化したい業務内容に適しているか確認をしましょう。たとえば、画像メインで解説したい業務に、文章メインで解説するフォーマットを使うのは、あまり適しているとはいえません。このような場合は画像メインで解説するフォーマットを作る必要があります。

また、**フォーマットを作成する際は、規則性を重視する**ようにします。文や画像の配置場所がページによって変わることなく、構成をなるべく統一するようにします。こうしておくことで、読み手にとっては見やすく読みやすいマニュアルになり、作成者にとっても、あれこれと迷うことなく作成を進められるようになります。

MEMO　マニュアルのフォーマット例は、ネット上にも多数公開されている。作成に悩んだ場合は、それらも参考にしながら進めてもよい。

フォーマットに必要な要素と作成のポイント

絶対に外せないマニュアルの基本構成要素

フォーマットには、「目的・結果・行動」を表すために必ずマインドセット、ワークフロー、オペレーションが盛り込まれていなければならない。

マインドセット（目的・結果）

訪問営業マニュアル

概要	営業先・得意先をご挨拶もかねて訪問し、当社の新製品を紹介し新規案件につなげる。		
誰が	営業部員が	誰に	営業先・得意先に
目的	利他	社内環境の改善に役立つ製品情報を知ることができる。	
	利己	新規仕事の依頼を受けられる。顔をつなげることができる。	
求める結果	完了期限	完了時の状態	所要時間
	1日以内	３冊以上パンフレットを渡すことができ、新製品を印象づけられた。	▲分

心得　当社にとってもお客様にとっても有益な時間となるように、次の案件につながる訪問をする！

ワークフロー（行動）

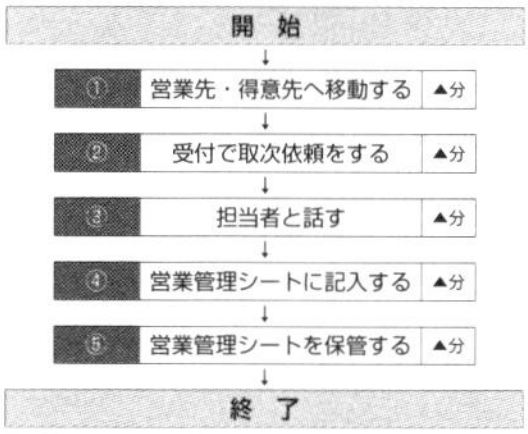

オペレーション（行動の詳細）

①	営業先・得意先へ移動する	【目安】▲分

①営業資料を確認する
□営業管理シート
□営業先・得意先リスト
□名刺
□製品パンフレット

②訪問先へ移動する
・社用車を使う場合は事前に使用許可証を申請し、上長の認可を得る。
・社用車を使う場合は交通ルールに留意する。
・移動中も社員の意識を持って行動する。

②	受付で取次依頼をする	【目安】▲分

①訪問先に到着
・予定の時刻より早すぎる訪問は迷惑になる。５分前に入るようにする。
・携帯電話はマナーモードに設定する。
・身だしなみを確認する。
□コートは脱ぐ　□スーツの襟を正す
□ネクタイの結び目がよれていないか確認する（男性）

②受付に用件を伝える
・以下のように、受付に用件を伝える。

（例）
　お世話になっております。株式会社○○○の△△△△と申します。
●●部の××様と▲▲時に面会のお約束をしております。
お取次ぎをお願いいたします。

▶ マニュアルに必要な要素である「目的・結果・行動」のうち、「目的」と「結果」はマインドセット、「行動」はワークフローとオペレーションで示す

フォーマット作成はマニュアル準備シート後に

フォーマットは、マニュアル準備シートで書き出した内容やボリュームに応じて作成する。

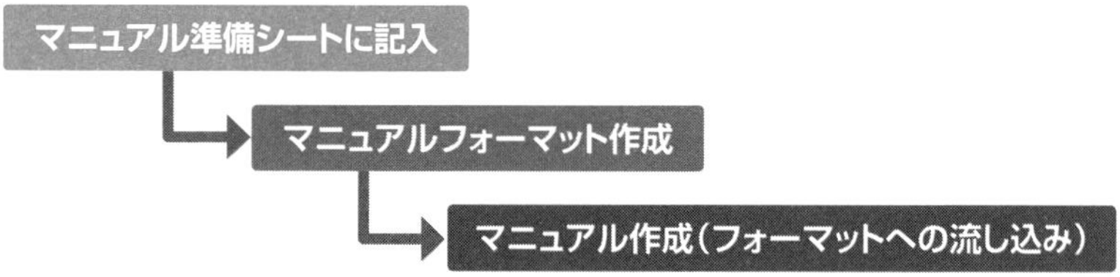

●マニュアルフォーマット例とポイント

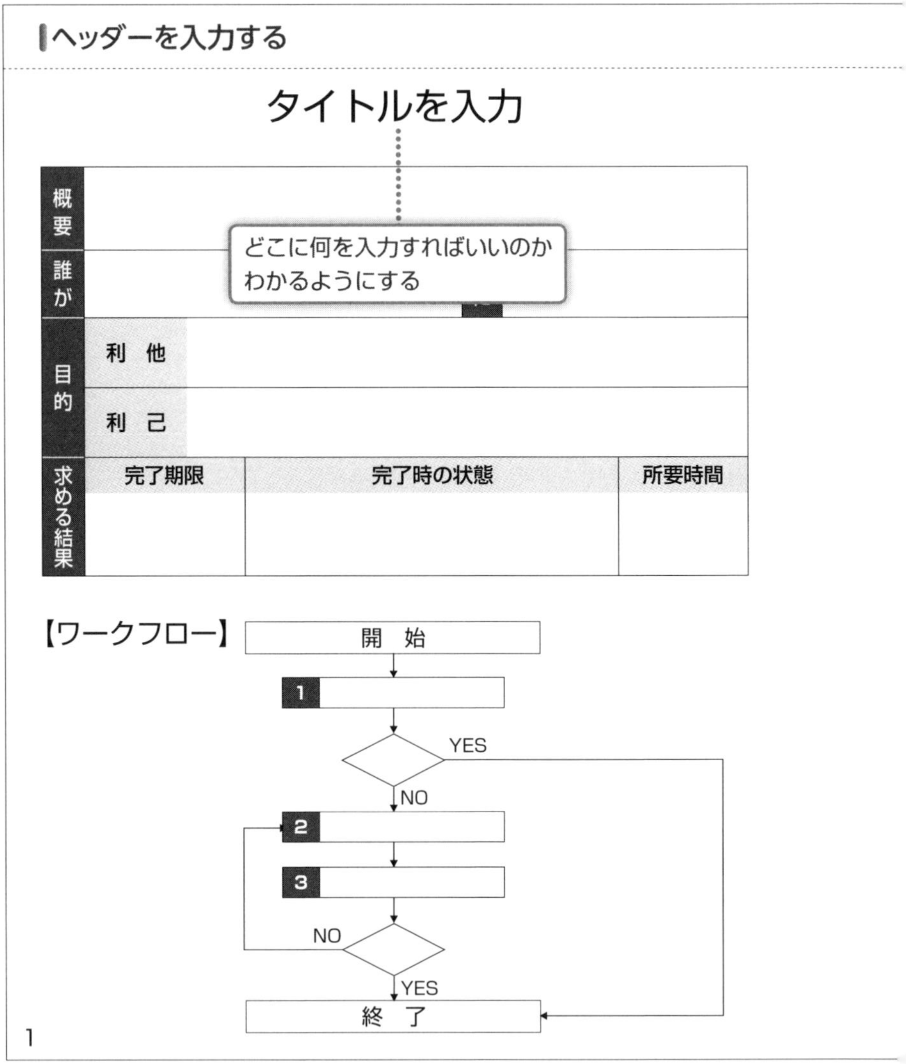

Point 「マニュアル準備シート」の内容にそって、「マインドセット」「ワークフロー」「オペレーション」をどこに、どのくらいの大きさで配置するのか決める

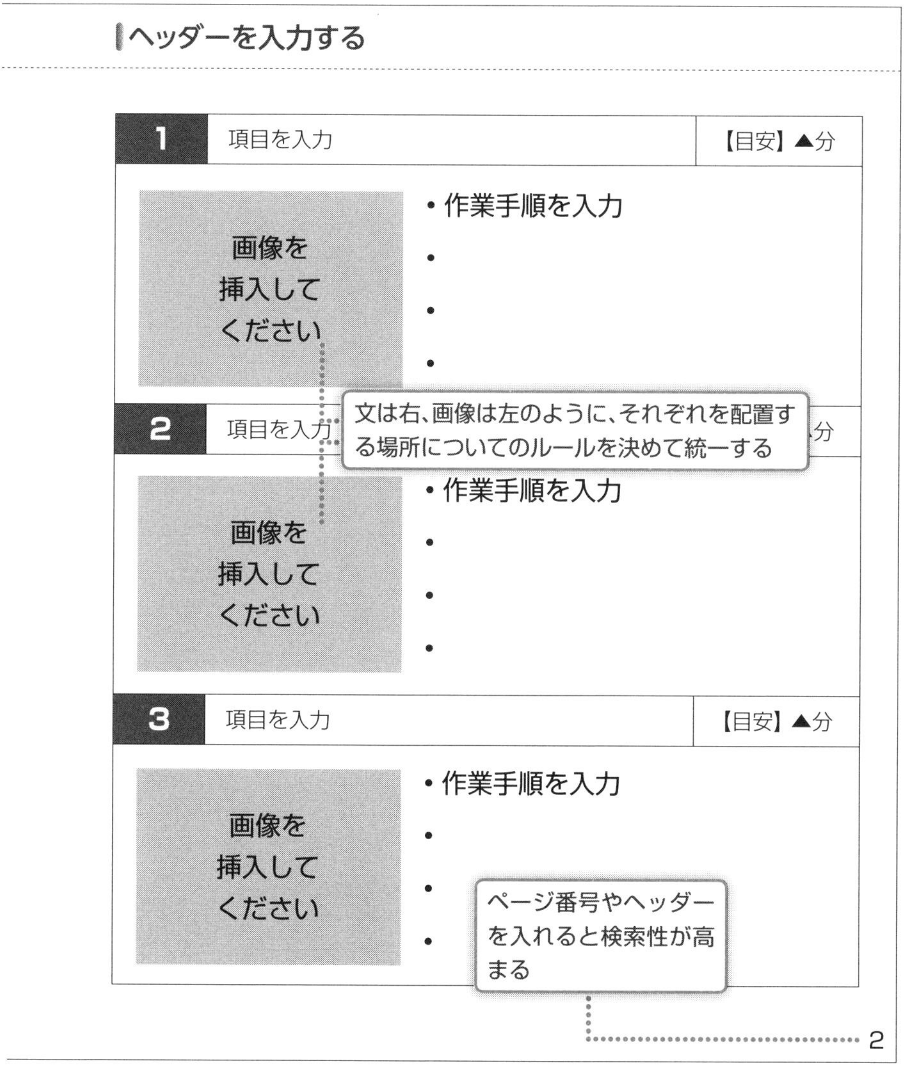

Check

デザインにこだわりすぎると、読み手にとって見づらいマニュアルになりがち。装飾などは、多用すると文字の視認性が損なわれるため、できるだけ使用しないようにしましょう。

目次と用語集の作り方

POINT
- ◆目次と用語集はマニュアルの検索性を高める。
- ◆情報への迅速な到達や、内容の正しい解釈を補助する。
- ◆どちらも作成するのは、マニュアルができてから。

◎ 目次はワークフローに即して作成する

マニュアルには、確認したい情報にすばやくたどり着けて、内容の正しい解釈を補助する「検索性」が備わっていなければなりません。この「検索性」を高めるのが目次と用語集です。

目次の作成方法としては、ワークフローに即して業務を並べていくのが最もシンプルです。なおマニュアルの作成中は、ページの増減や移動が必要になる場合もありますので、目次は最後に作成するようにしましょう。読み手が確認したい情報へとピンポイントで到達できるようにするためにも、**目次は必ず作成してください。**

◎ 専門用語などをまとめて用語集を作成する

用語集は、内容の正しい解釈を補助する役割を担います。マニュアルの中で示された用語の意味がわからなければ、読み手によって内容の解釈に齟《そ》齬《ご》が生じる可能性があるため、ぜひ作成しておきたいところです。

作り方については、マニュアルを作成する中で専門用語や業界特有の用語が出てきたら、それらをメモするなどして拾い集めておき、最後にまとめて説明書きを添えるという方法がベストです。ただし、**用語集の作成にあたっては、それぞれの用語の意味を社内で明確に定義しておかなければなりません。**これは、各用語について社員それぞれがバラバラの解釈をしていては、用語集としての意義が薄れてしまうためです。

目次も用語集も作成のタイミングは最後です。どちらもマニュアルの検索性を向上させるには欠かせない要素ですが、用語集については必ずしも付属させなければならないというわけではなく、**内容に応じての作成で問題ありません。**

MEMO 目次がないマニュアルでは、確認したい情報があってもパラパラとページをめくりながら探すことになり、時間効率を大きく低下させてしまう。

目次と用語集の役割

目次と用語集の特徴

目次と用語集の重要性と役割を理解したうえで、目次は必ず作成し、用語集は必要に応じて作成する。

[目　次]

○○○○……P.2
▲▲▲▲▲▲……P.4
○○○○……P.8
▲▲▲▲▲▲……P.9
○○○○……P.10
▲▲▲▲▲▲……P.12
○○○○……P.15
▲▲▲▲▲▲……P.16
○○○○……P.17
▲▲▲▲▲▲……P.18
○○○○……P.19
▲▲▲▲▲▲……P.19
○○○○……P.20
▲▲▲▲▲▲……P.21
○○○○……P.22

[あ]
案件番号……P.2
10桁の番号。案件を受けた西暦と日付、お客様番号からなる。
案件表……P.25
案件番号を管理するスプレッドシート。部署にひとつ。

[い]
委任契約……P.10
お客様から業務の委任契約を受けること。
委任契約書……P.10
委任契約を結ぶ際に記入する書類。契約書は4年ごとに更新し、保存期間は7年とする。
依頼届……P.3
総務課へ業務申請をする際に発行する届出。
依頼人……P.25
お客様のこと。またはお客様の業務委託先全般。クライアントとも。

[う]
請負……P.3
業務を受託し、依頼人に代わって業務を遂行する。

[お]
押印状……P.12
当社の社印が捺印された書類。
乙番……P.7
社用自動車の管理番号。3~8番まである。
乙番の予約表……P.7
乙番の予約表。ブラウザで使用する。
オフィス番……P.00
オフィスの鍵を預かる当番のこと。週替わり制。

[く]
クライアント……P.1
お客様のこと。主に、業務委託を受けてからの呼び方である場合が多い。

[こ]
講習会……P.20
当社商品の納品時に行う説明会のこと。
講習会動画……P.21
講習会を記録した動画。クライアントにURLを共有する。

目　次

- マニュアルの内容を俯瞰できる
- 確認したい情報にピンポイントでたどり着ける
- 進めている業務の現在の段階が大まかにわかる

用　語　集

- 新人でも専門用語や業界用語の意味がすぐにわかる
- 社内や更新担当者間で、用語の解釈に齟《そ》齬《ご》が起きない
- マニュアルの索引としても役立つ

▶ **この2つを作成すればマニュアルの検索性が高まり、必要な情報をすばやく正確にキャッチできるようになる**

Check

検索性は、マニュアルの「使いやすさ」に影響します。検索性が高いほど、そのマニュアルの使いやすさも向上し、使いやすいマニュアルほど「運用」もうまくいくようになります。目次と用語集は、円滑な「運用」のためにも必要不可欠な存在なのです。

●目次の例

[目　次]

I　アポイント

「ワークフロー」の順番にそって、ページの項目を並べる

(1)ストーリー作り ……………………………… P.3

①ターゲットになるお客様を選定する ………… P.3

②お客様情報を調査する ………………………… P.4

③プランのゴールを設定する …………………… P.4

④ストーリーを組み立てる ……………………… P.5

⑤リーダーへの報告・フィードバック ………… P.6

⑥コンタクト手段を決定する …………………… P.6

項目は、単語ではなく「行動」で表記する
例)「見積書」→「見積書を作成する」「見積書を提示する」など

(2)お客様への架電 ……………………………… P.7

①お客様に電話をする …………………………… P.7

②状況をヒアリングする ………………………… P.8

Point

- 更新時に項目が変更される可能性があるからといって、目次作成を省略しない
- 電子のマニュアルの場合も同じ要領で作成する。ページリンクを付けるとより検索性が高まる

●用語集の例

索引としても使えるように、用語が使われているページも示す

[あ]

案件番号 ……………… P.2
10桁の番号。案件を受けた西暦と日付、お客様番号からなる。

案件表 ……………… P.25
案件番号を管理するスプレッドシート。部署にひとつ。

[い]

委任契約 ……………… P.10
お客様から業務の委任契約を受けること。

委任契約書 ……………… P.10
委任契約を結ぶ際に記入する書類。契約書は4年ごとに更新し、保存期間は7年とする。

依頼届 ……………… P.3
総務課へ業務申請をする際に発行する届出。

依頼人 ……………… P.25
お客様のこと。またはお客様の業務委託先全般。クライアントとも。

[う]

請負 ……………… P.3
業務を受託し、依頼人に代わって業務を遂行する。

[お]

押印状 ……………… P.12
当社の社印が捺印された書類。

乙番 ……………… P.7
社用自動車の管理番号。3〜8番まである。

乙番の予約表 ……………… P.7
乙番の予約表。ブラウザで使用する。

オフィス番 ……………… P.8
オフィスの鍵を預かる当番のこと。週替わり制。

[く]

クライアント ……………… P.1
お客様のこと。主に、業務委託を受けてからの呼び方である場合が多い。

用語の解説は、簡単な言葉で。難しい言葉などを用いて真面目に書きすぎないこと

[こ]

講習会 ……………… P.20
当社商品の納品時に行う説明会のこと。

講習会動画 ……………… P.21
講習会を記録した動画。クライアントにURLを共有する。

Point

- 用語は、マニュアル作成を進める中でわからないことや不明点があればメモをしておくと作成がスムーズになる
- 表記の揺らぎについても書くとよりよい
- Webサイトの解説などWeb引用を積極的に使う

タイトルを決める

POINT
- ◆タイトル付けは、関係者全員で行う。
- ◆お遊び感覚で実施してもかまわない。
- ◆マニュアルに対する愛着を高めて浸透させる。

◎ タイトル付けの意図

マニュアルは、タイトル付けも大切です。おそらく多くの人が、「単に営業マニュアルでいいのではないか」、「いちいちタイトルまで決めるのは面倒くさい」などと、その必要性について疑問に思うことでしょう。

確かに、マニュアルの中で最も重要なのは内容です。タイトルを付けたところで、内容が洗練されるわけではありませんし、業務の再現性が高まるわけでもありません。ですがマニュアルは、作成こそ１人で担うのが理想的とはいえ、プロジェクト全体では、読み手や管理者・更新者など、業務にかかわるすべての人に関係しています。そこで、関係する人全員を巻き込んでタイトルを決め、**マニュアルに対する愛着度の向上と浸透を図ろう**というのが、タイトル付けをする意図になります。

◎ 他者の意見や提案を募り検討する

タイトル付けのポイントは、作成者が独断で決定してしまうのではなく、関係するすべての人に意見や提案を募ること。たとえば、作成者がいくつかのタイトル案を出して多数決をとる方法もあれば、タイトル案を公募して、出された案を全員で検討するという方法もあります。いずれにせよ、あまり真剣に構えることなく、ちょっとしたお遊び感覚で進めてもかまいません。オリジナリティ溢れるタイトルや、ユニークなタイトルが付けば、それだけで**マニュアルへの愛着が高まるだけでなく、マニュアルに対する印象も柔らかくなります。**

タイトル付けに人を巻き込むことで、**マニュアルというものが全員にかかわるプロジェクトであると認識させます。**マニュアルを他人事とさせず、組織に浸透させるきっかけになるのです。

MEMO マニュアルはただでさえ敬遠されがちな存在。導入が開始される前に、マニュアルへの印象を軟化させておくためにも、タイトル付けは気楽な雰囲気の中で実施したい。

タイトル付けはかかわる人全員で行う

マニュアルにかかわる人

マニュアルで業務を進めていくことになる以上、その業務にかかわるすべての人がマニュアルの関係者になる。

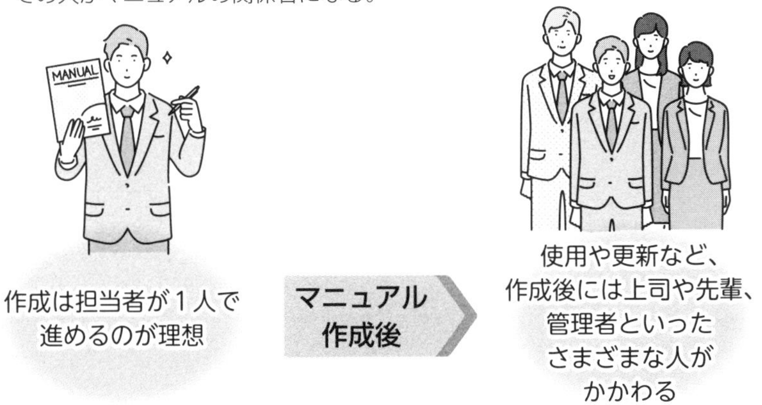

Point マニュアルは多くの人に関係するプロジェクトであることを理解する！

マニュアルにかかわる人を巻き込む

作成者だけでタイトルを決めてしまうのではなく、マニュアルにかかわる人たちにもタイトル付けに参加してもらう。

タイトル案を公募したり、集まった案や作成者が考えた案について多数決をとるなどして決定する

Point マニュアルに対する嫌悪感が除かれるほか、愛着の向上が期待できる。組織への浸透もスムーズに進む

作成者名の記載は不要

POINT

- ◆作者名の記載は大きな意味を持たない。
- ◆マニュアル導入の本質は「運用」。
- ◆日付の記載も不要。

○ 作成者への確認は基本的にしない

本や資料などのように、マニュアルにも作成者名は記載するべきなのでしょうか。作成者からすれば、時間と労力をかけて作り上げた力作に自分の名前を残しておきたいところかもしれないですが、**結論からいえばこれについては不要**です。

マニュアルに作成者名を記載しておくと、内容についての疑問が生じた場合などにおいて、作成者に確認しやすいというメリットが生まれるのは確かです。しかし、**マニュアルの導入にあたって何よりも大切なことは更新の継続**です。もしもマニュアルを使用する中で疑問が生じたのであれば、作成者に直接確認をとるのではなく、管理者に対してその疑問を報告し、すばやく内容の更新を図るべきなのです。

また、作成者がいつまでも会社や部署に在籍し続けるとは限りません。退職や異動などによって作成者が不在になれば、作成者名を記載していても、何の意味も成さなくなることは容易に想像できます。マニュアル導入の本質が「作成」ではなく「運用」にあることを理解できれば、作成者名を記載する必要性がない理由もはっきりとわかるはずです。

○ マニュアルの出来上がりは「過去」のこと

作成者名の記載が不要であることと同じ理由で、**マニュアルが出来上がった日付の記載についても必要ありません。**

出来上がった日というのは「過去」です。マニュアルは半永久的に更新を続けていくべきものですので、その実行にあたって「過去」が必須な要素になることはありませんし、特に役に立つ場面もありません。マニュアルを最新の状態に保っていられれば、日付は必要ないのです。

MEMO 作成者名や日付の記載を絶対にしてはいけないというわけではない。必要性がないとはいえ、あくまでも「記録」として残したいという考えがあれば記載してもかまわない。

作成者名や日時を記載しないその他の理由

作成者名と日付の記載は不要

理　由

- マニュアルを管理するのが作成者とは限らない
- 都度更新するので過去の日付があっても意味がない
- これらの記載は「使用」や「更新」に際して意味をなさない

Point

作成者は、あくまでも「作成」にあたっての担当者。その後の「使用」や「更新」では、多くの人たちがかかわることになる。そういった意味でも、作成者名の記載は不要

内容についての疑問は更新で解消

作成者名を記載しておけば、使用者が内容について疑問が生じた場合でも質問する相手を定めやすいが、裏を返せば「更新」の滞りを生むきっかけにもなりかねない。それを回避するうえでも、作成者名の記載はないほうがよいといえる

Check

マニュアルが出来上がった日時や作成者を示されても意味がありません。重要なのは、「いつ」「誰によって」作成されたのかを明確にすることではなく、「これから」「どうやって更新していくか」を考えることです。

文のスタイルを使い分ける

POINT

- ◆ 文のスタイルを使い分ける。
- ◆「考え方や思い」は文章で書く。
- ◆「作業指示」は箇条書きで示す。

○「何を書くか」で使い分ける

マニュアルに適した文のスタイルは、「何を書くか」によって使い分ける必要があります。具体的には、**「考え方や思い」を書く場合には文章、「作業指示」を書く場合には箇条書き**を用います。「考え方や思い」はマインドセット、「作業指示」はワークフローとオペレーションで主に書かれるべき事柄です。伝える内容によって文のスタイルを変えることで、判読性が向上し、マニュアルの質が高まります。

○「考え方や思い」と「作業指示」

「考え方や思い」というのは、ひとことで伝わるものではありません。単に「これが大事です」と言われても、「なぜ大事なのか」「どのくらい大事」なのかはわからないものです。

たとえば、営業業務の心得となる「営業10ヶ条」をマニュアルに記載する場合、10個の心得だけが箇条書きにされていても、その「考え方や思い」は伝わってこないでしょう。そこに込められた「考え方や思い」については、文章を用いて端折ることなく、**ありのままに説明する**ことでようやく伝わるのです。

一方で、**やり方や手順といった「作業指示」については箇条書きで伝えます。**「この作業の必要性は～」などと長文で伝えると、読み手は戸惑うことにもなりかねません。「この段階ではこの作業をする」というふうに、明確に伝えていくほうが親切です。

また、「○○を依頼」「▲▲を確認」というような名詞で切る表記は、読み手に他人事に受け止められがちになります。「○○を依頼する」「▲▲を確認する」と動詞でいいきったほうが、読み手はその文章を主体的に受け取ってくれます。小さな違いですが、読み手の受け取り方が変わるひと工夫です。

MEMO 「考え方や思い」は文章で書くとはいえ、あれこれと書きすぎると内容の方向性を見失いがちになる。基本からそれることなく、内容のバランスをとりながら書くことが大事。

マニュアルに用いる2つの文のスタイル

「考え方や思い」と「作業指示」

マニュアルに書かれていることは、主に「考え方や思い」と「作業指示」の2つに分けられる。それぞれを異なるスタイルで書くことにより伝わりやすさも変わる。

考え方や思い

文章のポイント

- 「マインドセット」で書かれるべき事項
- 文章で伝える
- 「考え方や思い」は言葉尻に表れ伝わっていくもの
- 端折ることなく書き綴る
- たとえ話をはさみながらわかりやすくする
- 語尾を意識して言葉の強さを調節する
- 内容の方向性を見失わないように気を配る

作業指示

文章のポイント

- 「ワークフロー」と「オペレーション」で書かれるべき事項
- 箇条書きで伝える
- ダラダラとした長文では書かない
- 「○○する」など、動詞でいいきるようにする
- ひとつひとつの作業を分けて示す
- 読み手が一目で作業内容を理解できる文を意識する

Check

マニュアルの読みやすさを重視するため、最初から少ない文字数で書いてしまうのはNGです。「考え方や思い」も「作業指示」も情報量が多ければ多いほど、内容の詳細が浮き彫りになるため、まずはなるべくたくさんの文字数で書いておくこと。書けるだけ書いたあとに、不要な内容を削除していけば、読み手に要点が伝わりやすい文に仕上がります。

避けるべき文章表現

POINT
- ◆ 作業指示に接続詞は使わない。
- ◆ 禁止事項はなるべく書かない。
- ◆ 能動的な表現で作業指示を書く。

◎「そして」「また」「なお」などの接続詞は使わない

禁忌というと少し大げさですが、マニュアルの内容を書くにあたっては避けたほうがよい表現もあります。

ひとつは、ワークフローやオペレーションで「作業指示」を書く際に、**「そして」や「また」「なお」といった接続詞は絶対に用いない**というもの。「作業指示」を示すには、箇条書きが適しているということは既に説明したとおりですが、伝わりやすい箇条書きであっても、接続詞が含まれると複数の作業指示や分岐を示してしまうことになるからです。「ターゲットになるお客様を決め、そのお客様の情報を調べる」のような書き方をすると、どこからどこまでがひとつの作業なのか曖昧になります。「作業指示」は、必ずひとつひとつに分けて示すようにしましょう。

◎ 禁止事項は厳選して示す

避けたほうがよいもうひとつの表現は、「禁止事項の多用」です。これも「作業指示」の書き方に当てはまることですが、「あれはしないように」「これはやめましょう」などと**禁止事項ばかりが示されていると、読み手は方向性を見失います。**ツールとしての面白みにも欠けますので、「マニュアル嫌悪」を招く要因にもなりかねないでしょう。一方、最初から「これをする」と能動的な表現を用いて伝えられれば、読み手の方向性はしっかりと定まり、迷いなく作業を進められるようになります。

とはいえ、業務の中には厳しく禁止を強いるべき事項もあるはずですので、一切用いてはならないというわけではありません。どうしても禁止を示しておかなければならない事項については、能動的な表現を基本にしながら、なるべく禁止表現が少なくなるよう注意して書くようにしましょう。

MEMO 禁止事項ばかりを示されると、業務のプロセスが把握しづらくなる。禁止事項が多くなるのは、作業の体系化ができていないということであり、再度洗い出しをするべきだといえる。

マニュアルで避けたい表現の例

接続詞は使わない

「作業指示」は接続詞を使わずにひとつひとつに分けて示す。どこまでがひとつの作業であるかを曖昧にしない。

また

before
お客様からの質問を考える、**また**その回答をまとめておく

after
- お客様からの質問を考える
- 質問に対する回答をまとめておく

そして

before
スケジュールについて説明し、**そして**料金体系について解説する

after
- スケジュールについて説明する
- 料金体系について説明する

なお

before
お客様へ電話でアポイントをとる。**なお**その際にヒアリングを行う

after
- お客様へ電話でアポイントをとる
- ヒアリングを行う

曖昧な表現を使わない

曖昧な表現は再現性が低くなるため避けるようにし、回数や行動など具体的に記載する。

✕	○	例
多く・少なく	具体的な数字を示す	数が多いときは➡5個以上の場合は
率先して	何をすべきか行動を示す	率先して動き➡お客様に声をかける
数　回	具体的な数字を示す	数回押す➡3回押す

禁止事項は極力避ける

禁止の表現をすると、どの行動をとるべきか考えるムダが発生する。

禁止の表現	言い換え
お客様と話すときは視線をそらさない	お客様の目を見ながら話す
事前連絡なしに訪問してはいけない	訪問前には必ず事前連絡をいれる
上司に相談もなく実行するのはやめましょう	実行の前には、上司に相談する

文字の強調や色づかいは最小限

POINT

- ◆マニュアルの内容はすべて重要。
- ◆強調する箇所はなるべく少なくする。
- ◆マニュアルに使う色は3色まで。

◎ 赤字や太字の箇所を絞る

本や資料を読む際、重要な箇所にマーキングやアンダーラインを引くことがあります。ではマニュアルも同じように、重要な箇所を赤字や太字などで強調させるべきなのでしょうか。これについては、**「最小限にとどめる」**というのが答えになります。

そもそも、マニュアルで示される内容はすべて重要です。極論をいえば、すべての文字を赤字や太字にするべきしょう。しかし、そのようにたくさんの箇所を強調すれば、強調したい内容として認識されなくなりますし、文字の「可読性」が損なわれた見づらいマニュアルに仕上がってしまいます。したがって、赤字や太字で強調する箇所は「最小限にとどめる」こと。どうしても**赤字を入れたい場合は「ここは強調するべき」と思う箇所をできるだけ少なく絞ったうえで、赤字や太字で示す**ようにしましょう。

◎ カラフルなデザインは見づらいだけ

文字の強調と同じように気をつけたいのが色づかいです。いくつもの色を使ってカラフルなマニュアルに仕上げると、華やかで見栄えがいいように思いますが、こちらも可読性が損なわれる要因となってしまいます。それに、色を多用すればするほどマニュアル作成にかかる時間も増します。作成者の自己満足でカラフルにしても、読み手からすれば、ただ見づらいだけになることを理解しておきましょう。

使用する色は、3色にとどめるのが理想です。フォーマットのメインカラーとサブカラーとして1色ずつ、そして強調箇所などのポイントカラーとしてもう1色。もちろん無理に3色を使用する必要はありません。大切なのは、シンプルで見やすいマニュアルに仕上げるということです。

MEMO マニュアルに書いてあることはすべて重要というのが前提。重要ではない部分が書いてある状態は、洗い出しの段階で不備があったと考えられる。

すっきり見やすいマニュアルに

文字の強調は少なく、色の使用は3色まで

文字の強調や使う色に注意して作成することにより、マニュアルの見やすさが向上する

●悪い例

1	営業先・得意先へ移動する	【目安】15分～

①営業資料を確認する
□営業管理シート
□営業先・得意先リスト
□名刺
□製品パンフレット

②訪問先へ移動する
・社用車を使う場合は事前に使用許可証を申請し、**上長の認可を得る**こと。
・社用車を使う場合は**交通ルールに留意する。**
・**移動中も社員の意識を持って行動する。**

▶色字や太字の箇所が多いため、どれが本当に重要な内容なのか認識できない。一見豪華なようだが、可読性が損なわれている

●よい例

1	営業先・得意先へ移動する	【目安】15分～

①営業資料を確認する
□営業管理シート
□営業先・得意先リスト
□名刺
□製品パンフレット

②訪問先へ移動する
・社用車を使う場合は事前に使用許可証を申請し、上長の認可を得ること。
・社用車を使う場合は交通ルールに留意する。
・移動中も社員の意識を持って行動する。

▶マニュアルの記載内容はすべて重要。文字の強調は特に重要な箇所のみにし、最小限に絞ること。色を使う場合はメインカラー・サブカラー・ポイントカラーの３色に絞る

例外ケースや注釈を示す場合

POINT

- ◆例外ケースの明示が必須なら記載してもよい。
- ◆例外ケースばかりにならないよう注意する。
- ◆注釈は、枠で囲むなどの工夫をする。

◯ 例外ケースは王道パターンありきで明示する

「マニュアルは基本の型であり、ひとつの王道パターンのみを示す」「特定の1社との成功ストーリーを想定して作成を進める」というのがマニュアル作成における大前提であることは、P.86でも説明したとおりです。そして複数のパターンや業務の分岐といった例外ケースを示したいのであれば、更新時に肉付けしていくのが理想であることにも変わりありません。

しかし、いくら大前提とはいえ、業務によってはどうしても最初から例外ケースを示さなければならないこともあるでしょう。たとえば、取引先によって発注書のフォーマットが変わる場合。新入社員には、それぞれの発注書の提出先や書き方などを教え、覚えてもらう必要があります。

このような場合には、ムリにひとつのパターンだけに絞るのではなく、例外ケースも併せて示すべきでしょう。ただし、**必ず王道パターンが示されたうえで、例外ケースであることを明記します。**また、例外ケースばかりにならないよう意識して作成するようにしましょう。

◯ 必要に応じて注釈も添える

マニュアルの内容によっては、本筋での説明に対して注釈を添えておきたい場合もあるはずです。こちらももちろん、してはいけないというルールはありません。注釈で説明を補足することにより、わかりやすさが向上するのであれば必要に応じて添えてください。

唯一のルールとしては、例外ケースと同じように、**注釈であることがわかるように示しておく**ことです。具体的な方法としては、枠で囲んで別記にしたり、紙面の下部に記載するといったものがあります。視認性や可読性を保つためにも、注釈だと一目で認識できる工夫が大切です。

MEMO 例外ケースや注釈があまりにも多くなると、マニュアルの視認性を下げる原因となるので注意。例外ケースなどが多すぎる場合は業務のやり方を見直すことも考える。

例外ケースや注釈の示し方

例外ケースを示す

1社とのストーリーを想定した、ひとつの王道パターンのみを示すのが前提だが、取引先によって異なる対応が必要な場合は、例外ケースを示す。

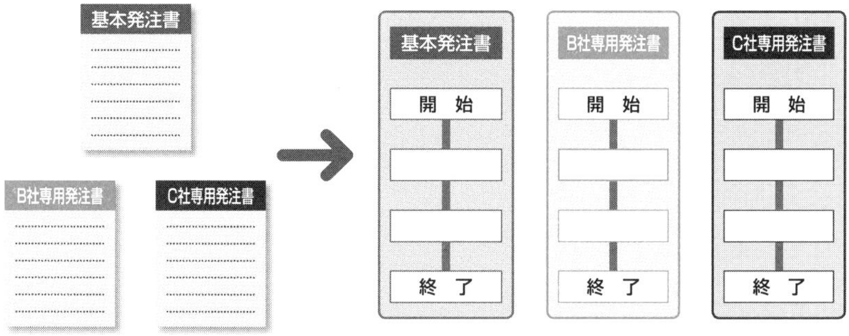

▶ 基本のパターンを示したうえで、例外ケースだとわかるように区別する。ワークフローを分け、それぞれの手順を示す

注釈の入れ方

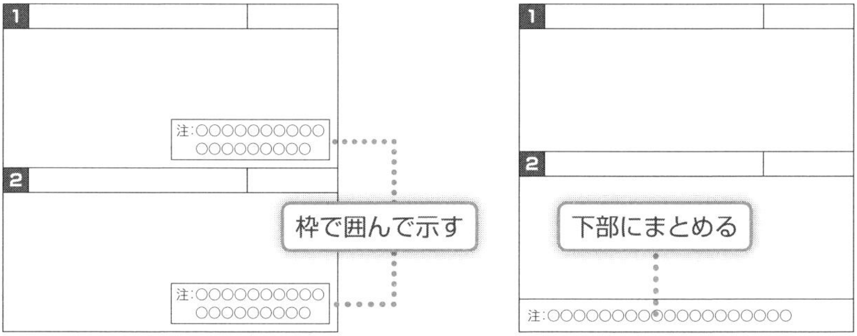

▶ 注釈を記載する場合は、注釈であることが一目で認識できるように、枠で囲ったり、下部にまとめて配置すること

Check

例外ケースが多くなるようなら、業務を抜本的に見直してシンプルにするべきです。取引先がかかわる業務であれば、相手に一時的な不便をかけることになるかもしれませんが、ミスの多発や再現性の低下を防ぐためにも、早急に見直しを図るのが最善だといえます。

イラストや写真を効果的に使う

POINT

- ◆ イラストは更新の手間がかかる。
- ◆ マニュアルの内容は文章で書くのが基本。
- ◆ 写真は業務の実態が伝わりやすい。

○ イラストはアイコン的なイメージで使用する

作成者や読み手を問わず、マニュアルに対してネガティブな印象を持つ人は少なくありません。そこで､イラストを用いて作業の説明をすることにより、少しでも印象を和らげたいと考える作成者もいることでしょう。

もちろんマニュアルにイラストを配置するのは問題ありません。ところどころに**アクセントとして用いれば、マニュアル嫌悪の緩和材として有用**です。ただし､あまり多用はしないこと。イラストによる説明が中心のマニュアルは、更新時に描き直しが必要になるなど、更新作業に手間がかかります。マニュアルの内容は文章で書き示すのが基本ですので、イラストはあくまでも補助的に用いましょう。間違っても、イラストが少ないからマニュアルが読まれないとは思わないことです。

○ 写真での説明が適切かどうかを判別して用いる

写真を用いた業務の説明は、業務の実態がわかりやすくなるため、イラストよりも有用です。作業の手順や書類、実際の現場などを写真で示せば、読み手も業務をイメージしやすくなります。**重要な箇所を丸で囲ったり、矢印や線でつなげたりして説明すると、一層わかりやすくなります。**

注意点としては、写真での説明が適切であるかどうかを判別することです。たとえば、情報システムやソフトウェアへの入力といった単純作業については、写真の中の該当箇所を丸で囲うなどするだけでも、やり方や手順が伝わりやすいものです。一方、飲食店での料理や盛り付け方などは、その意図を理解できなければ、マニュアルで教育を受けた新人は応用がきかない人材に育ってしまいます。そういった、**意図が重要な作業については、写真にも詳しく説明を書き添えるべきです。**

MEMO イラストをイチから作成するのは時間のムダ。また、外注もコストがかかるのでできるだけ避けたい。どうしてもイラストを用いたい場合は、フリー素材を使うなど効率性を重視すること。

イラストと写真を使ったマニュアルの例

イラストはアイコン的に使う

1	営業先・得意先へ移動する	【目安】15分～

①営業資料を確認する

□営業管理シート
□営業先・得意先リスト
□名刺
□製品パンフレット

②訪問先へ移動する

・社用車を使う場合は事前に使用許可証を申請し、上長の認可を得ること。
・社用車を使う場合は交通ルールに留意する。
・移動中も社員の意識を持って行動する。

▶ 内容に大きくかかわりのないイラストをアイコン的に配置するだけなら、更新時に描き直す必要はなくなる。文だけで構成するよりも華やかな見た目になるため、マニュアルに対する印象を和らげる効果が期待できる

写真の効果

写真は業務の実態が伝わりやすいため、イラストよりもマニュアルに適した素材だといえる。

1	社用車の確認	【目安】1分

・キズなどがないか確認する

乗車前に社用車の周りを見る。キズやパンク、汚れがないか確認をする。

▶ 作業のやり方や手順を写真で示すとともに、その作業の意図や注意点などを文で書き添えると、マニュアルとしての質がさらにアップする。また、更新時に差し替えたい場合でも、イラストの描き直しほど大変な作業にはならない

動画によるマニュアル

POINT
- ◆動画のマニュアルは業務の臨場感が伝わる。
- ◆動画のみのマニュアルは運用で失敗しやすい。
- ◆基本は文章で構成し、要所で動画を活用する。

○ 動画は臨場感を伝える最適なツール

最近では、動画でマニュアルを作成する会社も増えています。動画は、文だけでは伝えきれない**臨場感を伝えるには最適なツール**であるため、業務によってはマニュアルとしても非常に有用だといえます。

たとえば、商談におけるポイントを示す場合、紙や電子のマニュアルだとトークスクリプトを付属して説明する方法がありますが、これだけでは臨場感は伝わりにくいものです。対して動画のマニュアルでは、話し方や話す速度、相手の表情や口調の変化と、それらに対する対応の使い分けなどがわかりやすくなります。

○ 動画のマニュアルを本体にはしない

動画のマニュアルが臨場感を伝えるには最適なツールである一方、その後の運用で失敗する可能性が高まるのも事実です。

動画でマニュアルを作成するということは、言い換えれば業務の説明を文章にして言語化していないということ。説明が言語化されていないと、あとで内容についての質問を受けても教える側は正確に答えられなくなってしまいます。また、**動画のマニュアルには検索性が低いというデメリットもあります。**見直したい内容が示されたシーンを探すのに時間がかかるため、急いで確認したい場合には、時間効率を著しく低下させることになるでしょう。また、内容を更新するには動画を撮り直す必要があり、場合によってはすべて撮影をしなおさなければなりません。

したがって、文章で構成されたマニュアルを本体として作成し、そのうえで、**臨場感を伝えたい内容のみを補足として動画で示す**というのが、動画によるマニュアルの適切な導入方法だといえます。

MEMO 作業のやり方や手順などによっては、数分間の動画よりも数秒間の写真による画面遷移で示したほうが、時間効率もよく、更新もしやすくなる。

マニュアルにおける動画の扱い方

動画のメリット・デメリット

動画のマニュアルにはメリットもデメリットもある。それぞれを理解したうえで、適切に取り入れる。

メリット	デメリット
●書面では伝えづらい業務の臨場感が伝わる ●再生回数の管理で社員がどれだけ使っているかわかる ●業務を言語化する手間が省ける	●業務が言語化されていないため、教える側が正確に答えづらい ●検索性が低く、求める情報にたどり着くまでに時間がかかる ●緊急時における利便性が低い

動画は内容の補足に用いる

1	電話応対	【目安】5分

・2コール以内にとる

・語尾を伸ばさない

・ゆっくり喋る

参考動画

https://XXXXXXXXXXXX

▶マニュアル本体は文で構成されたものとし、動画は臨場感を伝えたい業務の説明だけに取り入れる。動画がアップされたサイトのURLなど、リンク先を記載しておく

Check

動画のマニュアルは、更新が必要になった場合に、該当のシーンを撮影し直さなければなりません。さらには、編集で不要なシーンをカットする必要があるなど、更新に手間や時間がかかります。スムーズな更新のためにも、動画は必要最小限にするべきでしょう。

マニュアルはテストすべきか

POINT
- ◆マニュアルにテストは不要。
- ◆テストの内容は「更新」と変わらない。
- ◆出来上がり次第、すぐに現場に投入する。

○ マニュアルのテストとは

時間と手間をかけて、ようやくひとつのマニュアルが出来上がったら、さっそく機能や効果を試すべくテストを実施したいところです。しかし、そもそもマニュアルのテストとはどのような行為を指すのでしょうか。短期間使用してみて、誤りのある内容があれば修正し、足りない内容があれば追加するといったことなのでしょうか。

ここで疑問を感じた人は、マニュアルについての理解がかなり深まっています。その疑問のとおり、先述のような行為は、**「更新」の作業と何ら変わりありません。**マニュアルのテストを通して現場への本格投入前に内容を練り上げていくつもりが、やっていることは既に次の段階である「更新」と同じです。

つまり、**マニュアルにテストは不要です。**出来上がり次第、特に期限を設けることなく現場に投入し、記載されたとおりの業務をそのまま実践していきましょう。内容の修正は「更新」の段階で行えばいいのです。最初から完璧である必要はありません(P.50参照)。

○ 現場に即投入が鉄則

マニュアルの「更新」に欠かせない使用者の気づきは、現場から得られるものです。マニュアルを実際に使っていくことで、使用者は内容の誤りや不足に、初めて気づきます。そうして集められた気づきを取捨選択しながら、マニュアルの内容を磨き上げていくのが「更新」です。いち早く更新するためにも、現場への投入は早急に行うべきです。

マニュアルに、テストも何も必要ありません。**出来上がったら、現場に即投入。**これがマニュアル導入の鉄則です。

MEMO マニュアルの内容に自信がなかったとしても、とにかく現場投入が優先。「マニュアルは更新して内容を磨いていく物」という認識を持つようにする。

テスト使用に意味はない

テスト使用より「更新」を

マニュアルをテストして内容を練り上げる行為は、実際に現場で使用しながら内容を「更新」することと変わらない。

テスト使用をする場合

マニュアルの出来上がり

▼

テスト使用

- 社内でロールプレイングをする?
- マニュアルの機能性をチェックする?
- テストを経て、マニュアルの内容を加筆修正する?

▼

現場投入

▶ 加筆修正は「更新」の作業と変わらないので、テスト使用を実施する必要はない

現場にすぐ投入する場合

マニュアルの出来上がり

▼

現場投入

- マニュアルが出来上がったら、テスト使用はせずにそのまま現場での使用を開始する。現場からの更新依頼があればすぐに対応する

▼

継続的な更新

▶ マニュアルは実際に現場で使いながら使用者の気づきを拾い上げ、気づきを基に「更新」を重ねていくことが大切

COLUMN 4

伝統芸能もマニュアル化できる

歌舞伎や能楽、茶道や華道など、日本には古くから伝わる多様で多彩な伝統芸能がいくつもあります。こうした伝統芸能が、発祥から数百年経った現代でも人々に親しまれているのは、「作法」や「心得」といった伝統を可視化し、継承してきたからです。

戦国時代の茶人である千利休が、今も伝わる茶道の様式を完成させたのは、およそ400年前。利休はある日、弟子の１人から茶道にとって最も大切な心得についての質問を受けます。この問いに対して、利休は「茶は服のよきように点て、炭は湯の沸くように置き、花は野にあるように、夏は涼しく冬は温かに、刻限は早めに、降らずとも傘の用意、相客に心せよ」と答えました。利休が遺した、茶道で守るべき基本的な７つの作法と心得、いわゆる「利休七則」です。利休の教えが言葉として具体的に可視化され、弟子に受け継がれたことにより、今もなお、茶道は失われることなく伝統が継承されているのです。

このように「作法」や「心得」が可視化された「利休七則」は、茶道におけるひとつのマニュアルであるといえます。可視化され言葉として残し、それを忠実に再現してきたからこそ、時代とともに教える人が変わっても「作法」や「心得」は昔のまま脈々と受け継がれているわけです。業務のマニュアルに置き換えれば、個人のやり方や考え方といったノウハウを言語化して会社に残しておくことで、たとえ教育担当者が変わったとしても、いつまでも業務を同じ質で再現できるということになります。

最近では、志す若者の数が減少していると言われますが、後世にまで受け継がれるべき伝統芸能だからこそ、その「作法」や「心得」の可視化を通じてマニュアル化し、新たな担い手を受け入れる体制の構築と育成を進めていくべきなのではないでしょうか。伝統芸能だからといって、可視化ができないということはないのです。

第５章

仕組化と習慣化がマニュアルサイクルのカギ

作成したマニュアルは使いながら更新をしていきます。そのために必要なのがルール設定や説明会。仕組化と習慣化の成功は、マニュアル導入の成功につながっています。

仕組化は習慣化を見据える …… 142
読み合わせ会は必須！ …… 144
マニュアルの理解度テストを実施する …… 146
活用頻度を調べる必要性はない …… 148
セキュリティ管理のルールを決める …… 150
習慣化を始める最適な時期は？ …… 152
「気づき」がマニュアルを磨く …… 154
マニュアル更新時の注意点 …… 156
ベストな更新タイミングはいつ？ …… 158
更新の担当者を決める …… 160
マニュアルの効果的な整理方法 …… 162
更新するかゼロから作るか …… 164
作成ノウハウを社内で共有する …… 166
マニュアルを会社の文化にする …… 168
マニュアル人間にならないために …… 170

01 | 仕組化と習慣化がマニュアルサイクルのカギ

仕組化は習慣化を見据える

POINT

- ◆ 仕組化、習慣化へ移行する。
- ◆ マニュアル導入における最難関は仕組化。
- ◆ 仕組化が習慣化を成功させるカギになる。

○ 仕組化と習慣化

マニュアルが出来上がれば、可視化が完了したことになります。しかし、これはマニュアルサイクルの第一段階にすぎません。ここからは仕組化、そして習慣化へと進み、マニュアルの運用と継続的な更新を行っていきます。

マニュアルを運用していくために、さまざまな施策を実施するのが仕組化です。社員にマニュアルの存在を認知させたうえで、その必要性や価値を伝えることにより、マニュアルが常に使われる状態を目指します。

習慣化は、マニュアルの更新を継続的に行う段階です。現場でマニュアルを使う社員からの「気づき」を吸い上げて内容に反映し、マニュアルの質を高めていきます。業務のやり方や手順についての説明に変更や追記が求められるのであれば修正し、マニュアルが習慣的に使われる状態を維持していくのです。

○ 習慣化を見据えて仕組化を進める

仕組化も習慣化も決して平坦な道のりとはいえません。どちらかに失敗し、結果としてマニュアルの導入がうまくいかなかったというケースは、非常に多く見られます。特に仕組化は、達成までに時間がかかるうえ、施策に工夫が求められるなど、マニュアル導入における最難関の段階だといえます。また**仕組化の段階で更新のルールも決めておかなければ、習慣化で大きくつまずく**ことになります。

そのため、習慣化へと確実に移行しマニュアルの導入を成功させるには、両者を独立した段階として捉えるのではなく、**習慣化を見据えながら仕組化を進める**必要があるのです。マニュアルを使うにあたりどんなルールが適しているか、どうすれば習慣的に使ってもらえるかを想定しましょう。

MEMO 仕組化は組織の体制にもかかわるので実行するのは簡単ではない。決して一人では抱え込まず、マニュアル管理会のメンバーや上司に協力を仰ごう。

マニュアルサイクルを再確認しよう

仕組化が最難関

仕組化はさまざまな施策の実行とともに相応の時間がかかる最難関の段階である。

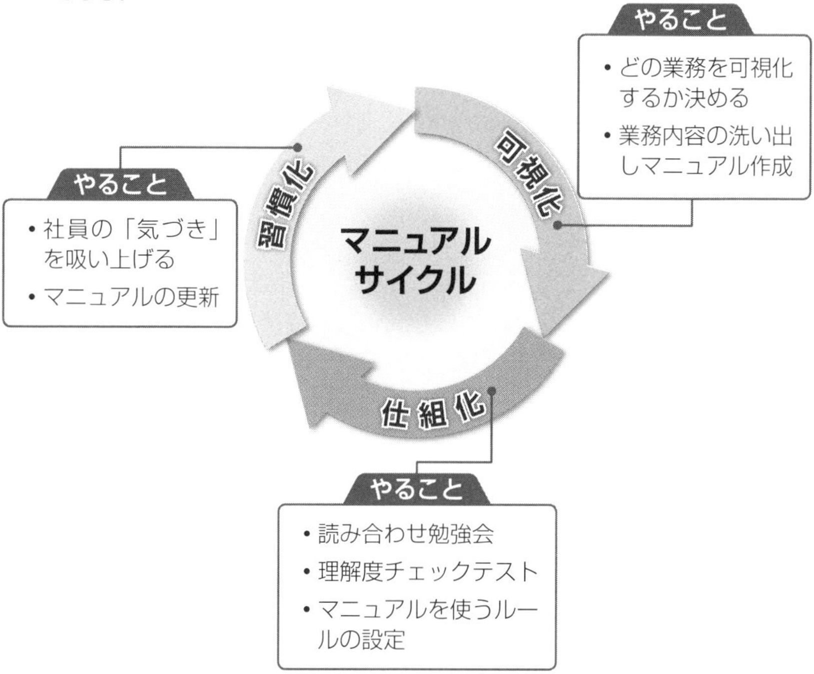

Point
いかにマニュアルを浸透させるかが仕組化の肝。習慣化における更新を円滑に進めるためにも、仕組化は習慣化を意識しながら行う

仕組化におけるルール設定

マニュアルを使う際に社員が踏まえておくべきルール設定を仕組化で行う。主に「取り扱い方法」と「利用の仕方」のルールを設定する（P.58参照）。

取り扱い方法	利用の仕方
セキュリティ管理の方法について社内規定に準拠し明確にする（P.150 参照）	会社としてのマニュアルの扱いや、マニュアルの利用方法などを明確にする

02 | 仕組化と習慣化がマニュアルサイクルのカギ

読み合わせ会は必須！

POINT

- ◆ マニュアルの内容を認識させることが目的。
- ◆ 関係する全員でマニュアルを読み合わせる。
- ◆ よいマニュアルだから読んでもらえるとは限らない。

◯ 仕組化の実現に向けて

マニュアルの仕組化において重要なことは、関係する人たちへの周知です。その最初の一歩となるのがP.56でも説明した、会社や部署のトップがマニュアルの必要性を説明する「導入説明会」ですが、その中でも効果的な施策が「読み合わせ会」です。

マニュアルに関係する人たちへの周知が重要とはいっても、その存在を認識させるだけでは仕組化の実現は難しいでしょう。仕組化とは、常にマニュアルが使用される状態を築くことです。したがって、使用者には「マニュアルの存在や必要性を認識させる」だけではなく、**「何が書かれているのか」「どのような場面で役に立つのか」についても、前もって認識させておく必要があります。**

◯ 仕組化に効果的な施策のひとつ

「マニュアルが出来上がったから読んでおいて、確認しておいて」と指示を出すだけでは、残念ですがほとんどの人はマニュアルを開くこともしないでしょう。そこで、関係する人たち全員でマニュアルを読む「読み合わせ会」を実施します。**書かれている内容や必要な場面について把握してもらうと同時に、それらの必要性について理解を深められるようになります。**マニュアルの仕組化に向けて、まずは「全員が読んだことがある」状態を作り上げることが大切です。

マニュアルの仕組化にあたっては、上記のような施策が求められます。**「よいマニュアルが出来上がったから、何もしなくても読まれるだろう」という幻想は捨てなければなりません。**確実かつ円滑に仕組化と習慣化を進めるためにも、「読み合わせ会」を実施するとよいでしょう。

MEMO　「読み合わせ会」は少人数体制で実施し、参加者が発言しやすい空気を作ることが大切。「読み合わせ会」で出た意見がマニュアル更新のネタのひとつになる。

読み合わせ会を行うには

読み合わせ会を実施する理由

マニュアルの存在を周知するだけでは、読むどころか目も通さない社員が出てくる。そこで読み合わせ勉強会を実施する。

（マニュアルを作っても浸透しなければ意味がない）

（マニュアルの存在だけでなく内容についても認識できるようになる。記憶に残すことができれば、業務でつまずいた際にマニュアルを頼る姿勢や風土が整う）

Point 質問や疑問があればその場で意見交換をしておくと、更新のネタになる。仕組化のために行う読み合わせ会が習慣化の布石になる

読み合わせ会の実施方法とルール

読み合わせ会は日時や参加者などのルールを決めて実施する。

実施方法

- 5人1組くらいのグループを組む
- 1項目を目安に読み手を交代する
- 全ページを読み合わせる

ルール

- ▶新人や若手社員だけでなく、上司にも参加してもらう
- ▶一度にすべての内容を読み合わせる必要はなく、数回に分けて実施してもかまわない
- ▶ページ数に応じて、時間を決めて実施する
- ▶読み合わせる中で質問や疑問があれば、その場で意見交換し解消しておく
- ▶ひとり必ずひとつ以上は質問をする

マニュアルの理解度テストを実施する

POINT

- ◆必ず覚えておいてほしい事項の理解度がわかる。
- ◆社員にマニュアルの存在が定着する。
- ◆業務における軌道修正の一助にもなる。

◯ 理解度テストは定期的な実施が効果的

マニュアルを導入した企業の中には、内容についての理解度テストを定期的に実施しているところもあります。具体的には、マニュアルの内容に即して単語の穴埋めをする問題や、内容の正誤を判定する問題を出題します。

マニュアルの内容を一言一句すべて暗記することはあまり現実的とはいえませんが、それでも最低限覚えておかなければならない事項や、間違いが許されない手順は必ずあります。理解度テストは、こういった内容を記憶できているかどうかを確認するにはとても効果的な施策です。また、**定期的な実施によって、社員にマニュアルの存在を定着化させることにもつながります。**

◯ 自己流になった業務の軌道修正に役立つ

理解度テストには、期待できる効果がもうひとつあります。それが業務の軌道修正です。

業務をマニュアルどおりのやり方や手順で進めていくことによって結果を継続的に出せるようになれば、マニュアルに目を通す機会は少なくなることでしょう。そこから次第に自己流のやり方や手順を見出していき、さらに高い結果に結びつくようになれば、その人にとってマニュアルが不要になり、内容の記憶も徐々に薄れていきます。

ところが、**自己流を重ねた先で、途端に結果が伴わなくなるケースに陥ることは決して珍しくありません。**そんなときには、再び業務の基本であるマニュアルに立ち戻り、軌道修正する必要があります。定期的に理解度テストを実施していれば、**内容についての記憶が定着した状態を保てるため、すぐにでも軌道修正が可能になる**のです。理解度テストの実施には、こういったメリットもあります。

MEMO 管理職への昇格試験で、マニュアルの理解度テストを課す企業も少なくない。管理職といえども、マニュアルに基づいた業務の指揮統括が求められることを意味するケースである。

「理解度テスト」が必要な理由

理解度テスト実施の意義

マニュアルの理解度テストは、内容の理解度をチェックできるだけではなく、業務の基本に立ち戻るきっかけになる。

自己流で業務を遂行

たまたまマニュアルに即していないやり方や手順がうまくいき、自己流で業務を進めて結果を残す

自己流のやり方や手順ではそのうちに結果が伴わなくなってきて、業務に行き詰まることも出てくる

定期的に理解度テストを受けて内容を記憶できていれば、マニュアルどおりのやり方や手順に立ち戻れる

実施方法

マニュアル理解度テスト

営業資料作成のマニュアルについて

問題：○か×で答えなさい（合格点は90%以上）

問1
営業資料のフォーマットを使用する際は上司への確認が必要である　回答欄：

問2
営業資料において必要となる情報は顧客情報と商品番号だけである　回答欄：

問3
顧客情報とは法人名、法人番号、住所、連絡先、代表者名である　回答欄：

問4
商品番号の数字10桁には年月情報は含まれていないので別途資料に記載する必要がある　回答欄：

問5
……………………………

- マニュアルの内容に即した問題を出題
- 出題形式は単語の穴埋め問題のほか、正誤選択、○×問題、語群選択など
- 最低限覚えておかなければならない事項や手順の記憶度チェックに効果的
- 定期的に実施すれば、社員にマニュアルの存在が浸透する

Check

理解度テストは、必ず実施が必要というわけではありません。業務内容によっては暗記を必須とはしないものもあり、理解度テストの重要性は企業によってまちまちです。業務内容や使用ツールなどに応じて、実施が必要かどうか判断するようにしましょう。

活用頻度を調べる必要性はない

POINT

- ◆活用頻度は、業務の結果を見ればわかる。
- ◆マニュアルは使われるのが当たり前。
- ◆利用率が低い場合は、仕組化を見直す。

◎ 活用頻度の確認は不毛な行為

せっかく作成したマニュアルですから、作成者からすれば、社員がどれくらいマニュアルを活用しているか知りたいところかもしれません。また管理者や上司としても、業務にマニュアルが活かされているのかを知るために、活用頻度について把握しておきたいという考えもあるでしょう。

しかし、**マニュアルの活用頻度を調べる行為は、あまり意味があるとはいえません。**1日に何ページを読んでいれば、活用頻度として合格なのでしょうか。1ヶ月に何時間、マニュアルを開いていれば上司として満足できるのでしょうか。マニュアルが活用されているかどうかは、業務の結果を確認すればわかるはずです。マニュアルで示された結果に到達できた割合が低ければ、それは**そのマニュアルの使用頻度が高くないということか、もしくはマニュアルの質が悪い**ことを意味します。

◎ 活用されない要因は仕組化の失敗

そもそもマニュアルは、常に使われることが当たり前でなければならないツールです。したがって、本来であれば活用頻度を気にする必要はないはずなのです。日々、マニュアルの内容どおりに業務を進めて、示された結果をブレなく出し続ける。これがマニュアルにおける仕組化の成功パターンです。**当たり前に使用されていないということは、仕組化に失敗している**ということを意味します。

もしも、マニュアルの使用率が低いと感じるようであれば、仕組化の見直しを図りましょう。マニュアルの活用が当たり前になる仕組みがしっかり整えば、活用頻度が気になることはなくなるはずです。活用頻度を調べる二度手間に時間を割いている場合ではありません。

MEMO マニュアルの活用頻度を調べる代わりに、定期的な理解度テストを実施して理解度をチェックするほうが有意義といえる。

活用頻度の調査は不要

活用頻度の把握はムダ

活用頻度を調べる方法はいくらでもあるが、それらを実行して把握する必要はない。

▶ツールや業務日報などで、社員が「マニュアルを１日どのくらい読んだか」「１ヶ月にどれくらい閲覧したか」について調査・管理することはできるが、マニュアルの活用頻度を把握できたところで、何の意味も成さない。業務の結果を見れば、マニュアルが活用されているかどうかは把握ができる

マニュアルが使われていないときの問題点

マニュアルどおりの結果が出ていない場合は、マニュアルと仕組化のどちらか、あるいは両方に問題がある可能性が高い。

マニュアルに問題がある

- 利用者に合わせた難易度設定になっていない
- 作業内容を一部省略している
- 視認性や可読性に問題があり、使いにくいマニュアルになっている

仕組化に問題がある

- 導入説明会や読み合わせ会をしなかった
- 管理者を決めていない
- 習慣的に使用してもらえるようなルールを設定せずに運用している

セキュリティ管理のルールを決める

POINT

- ◆マニュアルのセキュリティ管理は会社の規則に準ずる。
- ◆特例のルールを取り決めてもかまわない。
- ◆運用や更新の妨げになりそうなら緩和する。

○ 情報セキュリティポリシーに準拠した管理が基本

マニュアルの仕組化においては、セキュリティ管理の体制や方法についても明確にしておく必要があります。ただし、これについては会社で既に定められた**情報セキュリティポリシーに準拠するのが基本**です。マニュアルを導入するからといって、あらためて特別なルールを制定する必要があるわけではありません。「黙って持ち出さない」「印刷をして複製しない」など、マニュアルを機密文書や重要データと同等の扱いにして、従来どおりの体制や方法で管理してください。

○ マニュアル専用の管理方法や体制の構築も可

情報セキュリティポリシーに準拠した体制や方法での管理が基本となる一方で、**特例としてマニュアル専用のルールを取り決めておくのもよい**でしょう。たとえば、本来であれば機密文書や重要データへの勝手な書き込みは厳禁ですが、マニュアルに限ってはそれを許可する。または、自宅での学習が目的であれば、上司や管理者の許可を得た場合のみ持ち出しをしてもよいなど、情報セキュリティポリシーを基本としながらも、マニュアルの扱い方に関するルールだけは独立させておいてもかまいません。

その理由としては、マニュアルは他の機密文書や重要データとは異なり、「活用」する必要があるからです。日々の業務で常に活かされるべきマニュアルですが、あまりにも厳しい制限が敷かれていては運用も更新も窮屈な状態で進めざるをえなくなります。書き込みや持ち出しといった行為が運用や更新に有用になると判断でき、かつセキュリティ対策を確保できる場合には、**マニュアル活用の妨げとなりそうなルールを必要に応じて緩和するなど、対応策を考えましょう。**

MEMO マニュアルは会社の知的財産のひとつ。無下に扱うことなく、定められたルールの中で保護しながら活用する心構えが求められる。

マニュアルのセキュリティ管理方法

社内のセキュリティポリシーが基本

社内の情報セキュリティポリシーをそのままマニュアルにも適用するのが基本になる。

情報セキュリティポリシーの例

- 活用するすべての情報資産の保護・管理に努める
- 情報セキュリティに関する法令や規範を遵守する
- 情報資産全般の取り扱いを適切に行う
- すべての従業員にセキュリティ教育を徹底する
- 漏洩・改ざん・不正利用の防止を徹底する
- 社内秘情報を社外へ流出しない
- 情報のバックアップを取っておく

↓

マニュアルの管理にもそのまま適用

マニュアル専用ルールの一例

社内の情報セキュリティポリシーの特例で、マニュアル専用のルールを設けてもよい。

書き込みの許可

マニュアルを使用する中で得られる「気づき」を書き残しておくためにも、書き込みを認める

持ち出しの許可

社外での自主学習が目的の場合は、管理者や上司の許可を得ることで社外への持ち出しや閲覧を可能にする

Point マニュアルを効果的に運用・更新するために、必要に応じてマニュアル専用のルールを取り決めておくとよい

習慣化を始める最適な時期は?

POINT

- ◆更新を継続しないと仕組化もムダに終わる。
- ◆最初の更新は、マニュアル作成から３ヶ月目。
- ◆仕組化と習慣化は同時に進めるイメージ。

○ 習慣化へ進み更新を重ねていく

仕組化に着手すれば、ひとまずマニュアルの運用は開始されることになります。しかし、運用が仕組化されただけでは、マニュアルはいつの日か使われなくなり、そのまま形骸化してしまう可能性があります。時代の流れとともに内容が徐々に古びていき、将来的に業務の役に立たなくなってしまっては、仕組化の苦労も水の泡です。いつのときも**マニュアルの内容が最新に保たれ、使われ続けるために、習慣化の段階へ進み更新を継続的に行っていく必要があります。**

○ 仕組化から習慣化への移行の流れ

では、習慣化へと進む時期はいつが最適なのでしょうか。その答えは、**「マニュアルの作成から３ヶ月目」**になります。マニュアルの作成から１ヶ月をかけて「導入説明会」や「読み合わせ会」を実施し、２ヶ月目には実際に使用した感想や成果を取りまとめる。そして３ヶ月目にマニュアルの内容が「会社の基本」として適しているのかについて議論をし、それに応じて更新を開始する。これが、習慣化をスタートする流れです。

P.142でも説明しましたが、仕組化はマニュアルの導入において、相応の時間がかかる最難関の段階です。社員へマニュアルの使用を定着させる手段となる「導入説明会」や「読み合わせ会」の実施だけでなく、感想や成果の取りまとめと議論までが仕組化であり、ここまでを進めてようやく習慣化に移行できるのです。習慣化をスムーズに始めるためにも、仕組化を独立した段階として捉えるのではなく、**習慣化を見据えて、同時に進めていく**という意識が大切になるわけです。使いながら更新をしていく。それがマニュアルの仕組化と習慣化なのです。

MEMO マニュアルの更新は随時行いながら、それと同時にマニュアルのルールのさらなる整備や、マニュアルが会社の文化として根付く組織作りを進める。

習慣化までの流れ

3ヶ月目には習慣化へ

マニュアル作成の段階である可視化から３ヶ月目には、習慣化へと移行するのが理想。

可視化（マニュアルの作成）

仕組化（ルール設定）

1ヶ月目

「導入説明会」や「読み合わせ会」などの実施により、マニュアルの必要性や価値、内容を社員に染み込ませる

2ヶ月目

1ヶ月目に行った施策を通じて得られた成果や実際に使用した感想を取りまとめる

3ヶ月目

取りまとめた成果や感想を基に、マニュアルの内容について議論する

習慣化（マニュアルの使用と継続的な更新）

Check

マニュアルの必要性や価値、内容を社員が理解するには時間がかかるものなので、長い目で見てじっくりと進めましょう。最初の「更新」までの期間を３ヶ月と設定していますが、これはあくまでも目安です。焦ることなく仕組化を行うようにしてください。

「気づき」がマニュアルを磨く

POINT

- ◆更新には、社員の「気づき」が不可欠。
- ◆「気づき」の吸い上げは、簡単にはいかない。
- ◆「気づき」は、「待つ」のではなく「取りにいく」。

○「気づき」を吸い上げる環境の構築

マニュアルの更新に欠かせない要素が社員の「気づき」です。実際に社員が現場でマニュアルを活用して得られた、実務とマニュアルの相違点や、マニュアルの問題点といった「気づき」を蓄積して、内容に反映させていくことにより、マニュアルの内容は磨かれていくのです。つまり、**更新がうまくいく秘訣は、社員から「気づき」を吸い上げられる体制や風土を構築すること**だといっても過言ではありません。

○「気づき」を能動的に吸い上げる

では、社員から「気づき」を吸い上げられる体制や風土とはどのようなものなのでしょうか。たとえば「業務の中で、マニュアルについての気づきがあればまとめておき、定期的に提出してください」。このように社員へ呼びかけ、共有メモやチャット、メールなどで「気づき」を集める。これは確かに理想的な施策です。しかし、このような施策を実施して、果たして効率的に「気づき」が集まるでしょうか。残念ながらその見込みは、ほとんどありません。業務に精通したベテラン社員ならまだしも、現在進行形で業務を学んでいる新入社員や若手社員からすれば、「気づき」など「わからない」「まとめられない」、そして「やらない」のがほとんどです。

もちろん、施策としては間違いではありません。しかし、効率的に「気づき」を集めたいのであれば、**「待つ」のではなく、「取りにいく」**ことが大切です。社員に対してマニュアルどおりに業務を進められるかどうか、示されたどおりの結果にたどり着けるかについて、管理側から聞きに行くなどして直接確認を入れるのです。それだけで「気づき」の吸い上げはでき、マニュアルの内容について再考し磨き上げていく「ネタ」にすることができます。

MEMO 自分の「気づき」がマニュアルの更新に採用されると嬉しいと感じる人も少なくない。そういった人にとっては「気づき」を出すことそのものがモチベーションにつながる。

「気づき」が更新のネタになる

「気づき」を集めるには

更新のネタになる「気づき」を集める方法には、以下のものが挙げられる。

ケース① 直接質問する

新人をはじめとするマニュアルの使用者に対して、わかりづらい内容や、示されたやり方や手順で業務を進められているかなどについて質問する

ケース② メモ書きをしたマニュアルを回収する

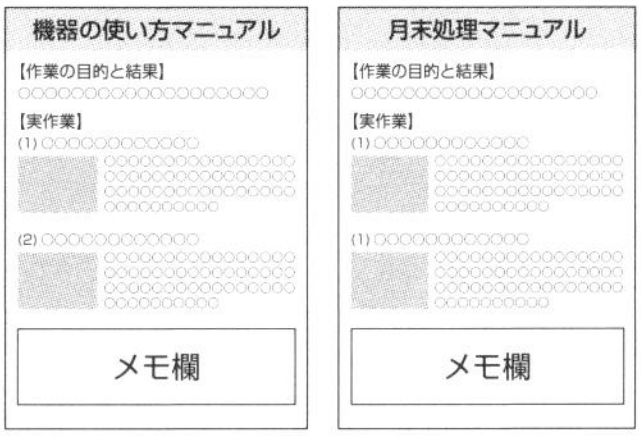

マニュアルをノート代わりにして「気づき」をメモしてもらい、定期的に回収する。ページ内にメモ欄を設置しておくのもよい

ケース③ コメントを残してもらう

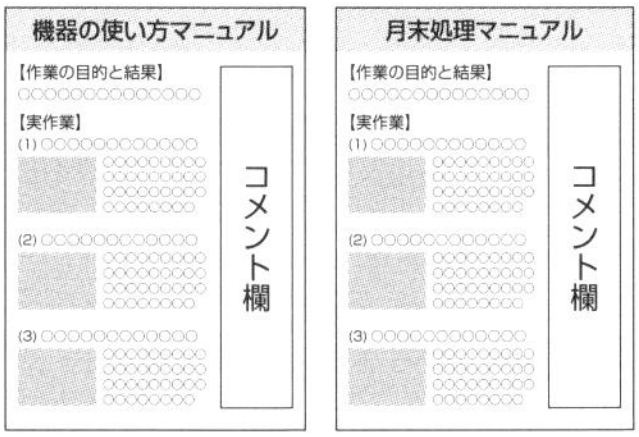

電子のマニュアルであれば、各ページにコメント機能を付属しておき、各々の「気づき」を書き込んでもらう

ケース④ 報酬を支給する

「気づき」を報告すれば、金銭あるいは物品などによる報酬が支給される制度を作る。「気づき」の報告に対する意欲を引き出すのに効果的

Point

- 社員からの「気づき」は、待っていても集まらない
- マニュアルの管理者や上司などが自ら動き、「気づき」を取りにいく施策を実行する

マニュアル更新時の注意点

POINT
- ◆ フォーマットの変更は本末転倒。
- ◆ 変更が求められる場合はいっぺんに行う。
- ◆ 更新履歴の記載は必要性も意義もない。

○ 原則としてフォーマットは変更しない

マニュアルの更新は、いくつかの注意点を踏まえながら進めます。まずは、**原則としてフォーマットを大幅に変更しない**ということ。フォーマットを用意する理由のひとつは、更新をしやすくするためでした。更新の担当者、またはその担当者が変更になった場合でも、「どこに何が書かれているか」「どの箇所に修正を加えればよいか」などについて、一目でわかることがフォーマットを用意するメリットです。更新の作業をスムーズかつ的確に進めるために用意したはずのフォーマットを変更してしまっては、本末転倒でしかありませんし、時間と手間もかかります。

ただし運用を続ける中で、「文字が見えづらい、読みづらい」、「目的・結果・行動」がわかりづらいなどの声が挙がれば、フォーマットの変更も必要になります。その場合は**段階的に変更を加えていくのではなく、時間と手間を省くためにも、いっぺんに変えてしまうよう**にしましょう。

○ 更新履歴の記載は必要性なし

もうひとつの注意点は、更新履歴を残す必要はないということ。これはP.124で説明をした作成者名と、作成日の扱いと同じことがいえます。

電子ファイルのマニュアルを共有する場合は、「日時」や「文書変更者名」といった更新履歴がソフトによっては自動で残されていくため、特に気にする必要はありませんが、紙のマニュアルでは記載しない限り更新履歴が残されることはありません。ここでわざわざ更新履歴を記載したとしても、運用や更新に役立つわけではありませんし、記載しなかったからといって悪影響を与えることもありません。**マニュアルの内容を最新の状態に保ち続けるために行うのが更新ですので、「更新履歴」を示す必要性も意義もない**のです。

MEMO フォーマットを大幅に変更することを余儀なくされた場合は、あらためて内容を精査し、どういった見せ方が最も効果的か考えてから作り直す。

更新時の注意点

フォーマットはそのまま活かす

更新時に変更を加えるのは、マニュアルの内容のみ。フォーマットは原則として変更しないこと。

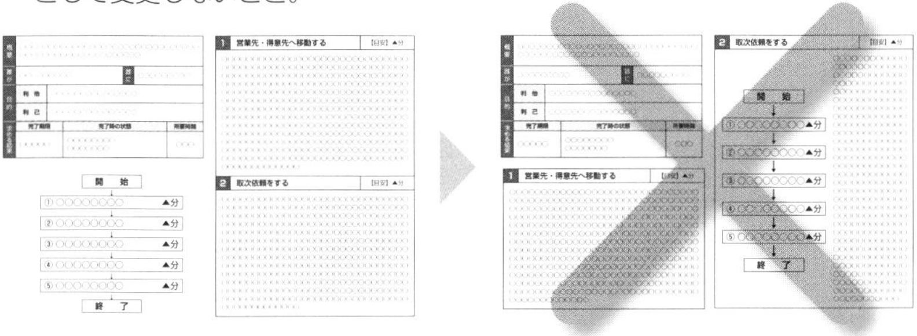

▶ ただし社員から「見にくい」「わかりづらい」といった声が多く上がり、フォーマットの改善で解消されるようであれば修正をする

更新履歴を気にする必要はない

マニュアルが紙の場合も電子の場合も、わざわざ更新日時や更新者名を記載しなくてもよい。記載してもしなくても、その後の更新に影響を与えることはない。

お客様がお帰りになられたことを確認する。
→全員が当社を出たところで本件の作業はすべて終了

更新履歴

更新年月日	更新者(部署・名前)
2009年4月10日	営業本部 第1課 吉田
2012年4月15日	営業本部 第1課 中村
2015年6月20日	営業本部 第2課 鈴木
2020年11月3日	営業本部 ソリューション営業課 田宮
2022年7月6日	営業本部 ソリューション営業課 田宮

よく作られるマニュアルでは、更新履歴は最後のページに付けることが多い。数年前の更新担当者の名前を残しておいても使用にあたっては意味がない

▶ 電子ファイルのマニュアルの場合は、使用するソフトやサービスによっては「変更履歴」などに自動で更新日時や更新者名が記載されていくが、特に気にとめる必要はない

ベストな更新タイミングはいつ?

POINT
- ◆内容の不足に気づいた瞬間が更新のタイミング。
- ◆マニュアルの鮮度が最も高いのは更新した瞬間。
- ◆マニュアルは使いながら更新すればいい。

○更新をすべき最良のタイミング

　更新の重要性がわかったところで、今度はどのくらいの頻度やタイミングで更新するべきなのか疑問に思う人もいることでしょう。答えは単純明快。**マニュアルの更新は、必要な内容が不足していると気づいた瞬間に行うのがベストです。**

　マニュアルは更新しない期間が空くほど、内容も古くなり続けます。そのような古びたマニュアルにそって業務を進めていれば、現状で求められる結果にたどり着けず、上司のフォローが必要になるなどのムダな時間が増え続けるだけでしょう。それでは時間をかけてマニュアルを作成した意味がありません。マニュアルは鮮度を保つために、必要な内容が不足していると気づいた瞬間に更新をしましょう。言い換えれば、**マニュアルの鮮度が最も高いのは、更新をした瞬間**なのです。

○更新をしなくてもいいケース

　必要な内容が不足していると気づいた瞬間に更新をするという大前提がある一方で、**更新の必要がなくなるケースもあります。**たとえば、社員がマニュアルに頼ることなく業務を進められるようになった、もしくは長く新人が入社しておらず、会社全体でマニュアルが使われなくなった、などです。マニュアルが不要になったにもかかわらず、あらためて内容を確認することに時間を割くのは不毛です。

　マニュアルは「使いながら更新」するものです。「システムが新しくなり作業手順が変わった」などのマニュアルを更新する必要性ができたときや、「新入社員が入った」などマニュアルを使う機会ができたときに、**内容が古いと判断したら更新するか、作り直す(P.164参照)**という考え方でかまいません。

MEMO マニュアルの更新周期を3ヶ月に1回などと決める必要はない。大切なのは「周期」ではなく、更新が必要になった「瞬間」を意識すること。必要と感じたらすぐに更新をしよう。

内容の不足に気づいたらすぐ更新

「気づいたとき」が更新のタイミング

マニュアルを更新するタイミングは、内容の不足に気づいた瞬間がベスト。定期作業のように、更新の周期を設定する必要はない。

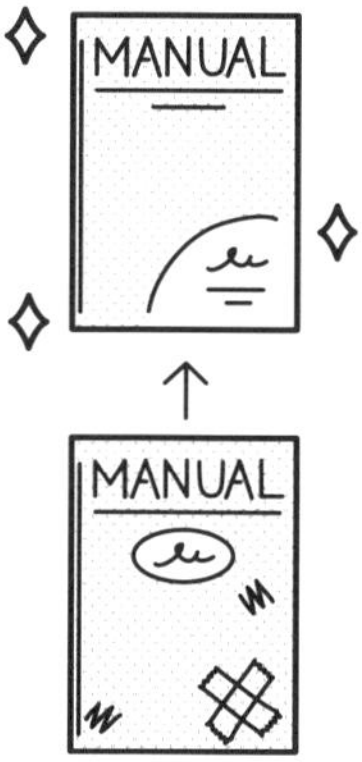

更新のタイミング

- 内容が不足していると気づいたとき
- 手順が変わったとき
- 使っていたシステムの仕様が変更されたとき
- 作業担当者が変更されるとき
- 新人を採用したとき
- 内容が古いと感じたとき

▶ 随時更新し、常に最新を保つよう心がける

更新しなくてもよい場合

マニュアルは更新をして使っていくものだが、更新をしなくてよい場合もある。ムダに更新をしようとして作業時間を割くことは避けたい。

- 作業者が熟練になりマニュアルを使う必要がなくなった
- 新人が長いこと入っておらず、マニュアルを使う者がいない
- 作業内容を完全に記載できており、これ以上の更新が不要になった

上記のような場合、更新をする必要はなくなる。久しぶりに使ったときに更新が必要と判断したら、更新をする

Check

紙のマニュアルの場合、印刷にかかる手間やコストを考えれば、できる限りまとめて更新したくなるのもムリはありません。一方、電子ファイルのマニュアルは印刷の手間もコストも不要ですので、紙よりも手軽に更新を増やせるというメリットがあります。

更新の担当者を決める

POINT

- ◆ 担当者を決めないと更新が「他人まかせ」に。
- ◆ 更新はマニュアル管理会が担当。
- ◆ 2名で担当すれば更新の滞りは避けられる。

○ 更新の担当者を曖昧にしない

　マニュアルの更新にあたっては、タイミングを意識するだけでなく担当者も決めておきたいところです。「更新が必要になるタイミングで気づいた人がやればいいのでは？」と思う人もいるかもしれませんが、それぞれの業務を進めながら、その都度マニュアルの更新を手がけていくのは時間的にも労力的にも非効率です。それに**担当者が明確にされていないと、結局は「他人まかせ」の状態に陥り、更新が適切に行われなくなる**可能性もあります。

○ 担当者の役割を分担する

　更新はマニュアル管理会のメンバーが担当し、作成時と同じく「作業者」と「マネージメント担当者」の2名以上の体制が望ましいです。「作業者」の役割は、マニュアルの内容を更新すること。社員から吸い上げたマニュアルについての意見や修正依頼を基に、内容を削ったり不足している内容を書き足したりします。**マニュアル作成者がそのまま更新作業を担うのもよいでしょう。**

　もう1名の「マネージメント担当者」は、更新されたマニュアルの内容がしっかりと社員の意見や修正依頼に基づいているかを確認したうえで、本当に現場で役立つ更新内容になっているかを判断します。したがって、**「マネージメント担当者」はなるべく業務歴の長い社員が適任**だといえます。

　最低でも2名で担当したい理由はもうひとつ。それは、担当者が異動や休職、退職などによって不在になる状態に備えるためです。2名で担当していれば、どちらかが抜けても引き続き更新に携わることができるため、滞りが生じることもありません。業務だけでなく、マニュアル更新のノウハウにおいても、担当者が抜けたことで更新がままならなくなるといった属人化の事態に陥らないよう、注意しましょう。

MEMO マニュアル管理会が本領を発揮するのは、マニュアルを根付かせる習慣化の段階。メンバーは固定せず、数年ごとのローテーションでもOK。

更新担当者を決める

更新担当者を決める意味

担当者を決めておけば、更新作業がスムーズになりムダを省けるほか、文章の書き方や画像の使い方などの統一性もある程度図れる。

更新者が決まっていないと…

- 不特定多数の人が更新をしようとして非効率になる
- 他人まかせの状態となり、マニュアルが更新されなくなる
- 更新ノウハウが属人化してしまう危険性がある

更新担当者は最低でも２名以上

「作業者」と「マネージメント担当者」に分けて２名以上の体制で更新を行う。更新作業の属人化を防ぐ。

作 業 者

社員の意見や修正依頼を基に不足内容の書き足しや、誤った内容の修正などをする。マニュアル作成者がそのまま担当してもよい

マネージメント担当者

社員の意見や修正依頼が反映されているか、現場で役立つ内容に更新されているかなどを確認する。該当の業務歴が長い社員が適任

Point マニュアルの「作成」は1名、マニュアル管理会は作成兼更新作業者、マネージメント担当者を含めた、最低でも2名以上で行う

マニュアルの効果的な整理方法

POINT

- ◆マニュアルを使いやすくするには、整理に工夫が必要。
- ◆「タイミング」や「場所」での分類が最適。
- ◆部署ごとの分類は、明確に区分される業務のみ。

◎ マニュアルを使いやすくするには整理方法も大切

出来上がったマニュアルを使いやすくするためには、整理方法についても工夫をこらさなければなりません。**整理ができていないと、マニュアルの数が増えていくほど、マニュアルの検索性が低下してしまいます。**

よく見られる整理方法として、社内のすべてのマニュアルをサーバー上などで50音順に分類するというものがあります。一見すると使いやすそうな整理方法です。しかし、部署も関係なく社内のすべてのマニュアルが50音順で管理されていると、マニュアルの数が増えたときに目当てのものを探すのに時間がかかってしまいます。

ほかには「新人用マニュアル」など人単位で分類するのは、分類名だけではマニュアルに何が書かれているのかわからないため、避けましょう。

◎ 分類の基準は「タイミング」か「場所」

マニュアルの最適な整理方法は、「タイミング」もしくは「場所」で分類することです。そのマニュアルを「誰が使うのか」ではなく**「いつ使うのか」「どこで使うのか」**という基準で分類しておけば、たとえ部署をまたぐ業務であっても、迷うことなく使えるようになります。

電子のマニュアルを作成したのであれば、フォルダ名を「営業用」「経理用」などと部署名にするのではなく**「請求時」や「発注時」のようにしておくイメージ**です。紙のマニュアルも同じように、マニュアルを使用する「タイミング」や「場所」に応じてファイリングしておくなどの方法をとります。

「営業アポイントの取り方」や「システム改修対応」など、遂行する部署がはっきりしている場合は、部署ごとの分類でもわかりやすくなります。ただし、部署をまたぐ内容の場合には注意が必要です。

MEMO 部署をまたぐ業務は、ムリにひとつのマニュアルにまとめようとせず、初めから分けてマニュアルを作成したほうが使いやすい。

マニュアルの分類方法

推奨する分類方法

業務の中には、部署に関係なく実行するものもある。これらのマニュアルは、「タイミング」や「場所」で分類するとよい。

タイミングごとの分類

請求時　出社時
発注時　来客時

「請求時」や「発注時」、「出社時」などのように特定の業務を行うタイミングごとに分類しておくと、異なる部署ながら共通の業務に携わる場合でも迷いなく使える

場所ごとの分類

社内業務　キッチン
社外業務　ホール

「社内業務」や「社外業務」、飲食業なら「キッチン」や「ホール」のように、マニュアルを使用する場所ごとの分類。部署は関係なく、業務を行う場所に応じてマニュアルを利用する

避けたほうがよい分類方法

50音順での分類や人単位の分類は、かえって混乱を招くおそれがある。

50音順での分類

50音順の分類は、マニュアルの数が増えるほど探しにくくなる。50音順にしたい場合は、部署ごとの分類+50音順にするなど、他の分類方法と組み合わせる

人単位の分類

人単位での分類は、マニュアルを使いづらくする。「新人用マニュアル」と分類しても、そこにどのような業務のマニュアルがまとめられているのかがわからない

更新するかゼロから作るか

POINT

- ◆使えないほど古いマニュアルを更新するのは非効率。
- ◆ゼロから作成し直すほうが手間も時間も省ける。
- ◆更新にあたっても作成方法の理解が必要。

○ 既存のマニュアルがある場合

マニュアルの内容が使用に耐えないほどに古くなり、内容をすべて入れ替えねばならないほどの大規模な更新をする場合、既存のマニュアルを更新して使うほうが効率的に思えます。ゼロから業務を洗い出してマニュアルを再作成するよりも、時間や手間が省けそうです。しかし、このような場合は、**ゼロからマニュアルを作成し直したほうが効率的**です。

○ 現在の情報のみを基に作成し直す

マニュアルの大規模な更新にあたっては、作成の意図を確認したうえで、内容の正誤判定や現在の業務に即しているかなどについて精査しなければなりません。そのためには、作成者や関係各所に話を聞いて回る必要がありますが、これには相当な時間と労力を要します。また、作成者や作成当時の社員が在籍中ならまだしも、既に退社していれば明確な答えを得られる可能性は低く、無駄骨に終わるかもしれません。仮に答えを得られたとしても、さらにそこから過去の情報と現在の情報を仕分けて、取捨選択をしながら内容を更新していく作業は大変です。情報は、多ければ多いほど精査の時間と手間がかかります。

それならば、現在の情報のみを収集してゼロから作成したほうが効率的といえます。すべてのマニュアルを一気に作成し直す必要はありません。業務の洗い出しをし、優先順位の高い業務のマニュアルから作成していけばいいのです。

それに、**まずはマニュアルの作成方法を理解しておかないと、そもそも更新も難しい**はずです。その点を踏まえても、本書でマニュアルの作成方法を学んだのであれば、ゼロから作成したほうがラクでしょう。

MEMO　過去の情報がすべてムダになるとはいえない。しかし、それらの精査にかかる時間や手間を考慮すれば、過去のマニュアルはないものとして考えたほうがよい。

大規模な更新よりゼロから作り直し

ゼロから作り直すほうが効率的な場合も

　内容的に使用できないほど古くなったマニュアルは、再利用するとかえって時間と労力のムダになる。

既存のマニュアルを 更新する場合

内容が現在の業務に即していないマニュアルは、作り直すよりも更新したほうがラクそうだが、実態は異なる

過去のマニュアルの作成者や関係者に、作成の意図や作成した時期、内容について確認する。場合によっては複数人に対してヒアリングする

確認した事項を基に、過去の内容の正誤や現在のやり方との違いなどを精査したのち、ようやく更新に入ることができる

過去のマニュアルの内容を精査し、更新して使用できるようになるまでには、時間も手間もかかるため効率的な方法とはいえない。現状の業務を洗い出して、最初から作り直すほうがよい

既存のマニュアルを 作り直す場合

１人に対して、業務の現在のやり方や手順をヒアリングする

ヒアリングした内容に基づいて、すぐに担当者がマニュアル作成に着手できる

最新情報の入ったマニュアルが完成する

過去に作成したマニュアルがあっても、ゼロから作成したほうが効率的であり出来上がりも早い。ヒアリングをしなくても、自分がやっている業務に基づいて進められるため、新人でも担当できる

作成ノウハウを社内で共有する

POINT

- ◆マニュアルの作成ノウハウは知識であり技術。
- ◆知的財産として作成ノウハウを社内で共有する。
- ◆本書を「ガイドライン」として用いる。

○ 作成方法は、社内での共有が必須

マニュアルは更新を続けていくものですので、一度作成が終われば、作成ノウハウを社内で共有する必要性はないと考えられてしまうことがありますが、それは誤解です。

マニュアルの作成ノウハウは、知識であり技術です。作成を１人の担当者が担ったとしても、作成の中で培った知識や技術は会社の“財産”になります。**マニュアルが会社の知的財産であるのなら、その作成ノウハウについても同じく知的財産として社内で共有しましょう。**

それに、作成ノウハウが共有されていなければ、作成担当者が何らかの理由で会社を離脱した場合に、誰もそれを知らない状態になってしまいます。「マニュアル作成の属人化」です。業務の属人化回避がマニュアルを作成する目的のひとつになるならば、業務として進めた**マニュアル作成も属人化させるわけにはいきません。**また、将来的にマニュアルを作成し直す機会が訪れる可能性もあるでしょう。そのときに備える意味でも、やはりマニュアルの作成ノウハウは社内で共有したほうがよいでしょう。

○ マニュアルの「ガイドライン」を作成する

具体的な共有方法としては、「ガイドライン」の作成が挙げられます。マニュアル作成の段階である可視化はもちろん、仕組化と習慣化における運用や更新までの情報を集約したガイドラインが用意されれば、**作成ノウハウだけでなく、マニュアルに関する知識全般の共有**が可能になります。マニュアルサイクルの指針も示しておくとよいでしょう。ただし、「ガイドライン」の作成は時間も手間もかかります。そこで、手っ取り早く本書を「ガイドライン」として取り扱ってみるのはいかがでしょうか。

MEMO　「ガイドライン」はいきなり作成しようとしても難しいもの。業務の洗い出し時やマニュアル作成時に気づきがあればメモをしておいて、「ガイドライン」のネタにするとよい。

マニュアル作成ノウハウの管理・共有

マニュアルの作成ノウハウは会社の知的財産

マニュアルと同じように、作成方法をはじめとするノウハウも管理・共有する。

ポイント1 マニュアル作成を属人化させない

マニュアル作成が属人化した状態のまま担当者が会社から離脱してしまえば、せっかく培った作成ノウハウが失われてしまう

マニュアル管理会(P.54参照)を設置し、最初から誰か1人に作成を頼ってしまっている状況にならないようにする

ポイント2 ガイドラインを作成

マニュアル準備シートの使い方や、フォーマットの必要性といった作成ノウハウをガイドラインとしてまとめておけば、作成の属人化を防ぐことができる。作成ノウハウのみならず、運用から更新まで、マニュアルに関するすべての情報を示したガイドラインの管理・共有が理想

Check

初めてマニュアル作成にとりかかる場合、マニュアルの作成で頭がいっぱいの中で、作成ノウハウのガイドラインにまで意識を向けるのは難しいでしょう。ガイドラインの作成はマニュアルの運用が開始されたのちに、時間を見つけながら少しずつ進めていけばよいでしょう。

マニュアルを会社の文化にする

POINT

- マニュアル導入に対する反発を覚悟する。
- 社員全員にマニュアルの存在意義を理解させる。
- マニュアル導入の結果やメリットを社員全員に伝える。

○ マニュアルがある状態を会社の文化として形成する

マニュアルの導入が決まっても、一部の社員からは反発を受けることも考えられます。特にベテランの社員には、「これまで築き上げてきた自己流のやり方を否定されるのか」などと、納得できない気持ちが強く芽生えることもあるでしょう。

ただ、マニュアルを導入するからといっても、**すべての社員に使用を求める必要はありません。**入社３年目、５年目までなどのように、あらかじめマニュアルを使用する基準や範囲を決めておき、すべての社員が対象ではないことを明確にしておくことが大切です。その一方で、マニュアルの使用が求められない社員に対しても、マニュアルの内容を否定せず、それにそった教育や指示をするなどの協力を要請するようにします。つまり、マニュアルの導入には、「使う・使わない」よりも、**社員がマニュアルの存在意義を理解したうえで、マニュアルがある状態を会社の文化として形成し、育み、根付かせていく姿勢が求められる**のです。

○ マニュアル導入の大義名分を掲げる

マニュアルの存在意義を理解させ、文化として根付かせるためには、マニュアルを導入する大義名分を掲げます。マニュアルを、なぜ作成して導入するのか。それは「新人教育のため」「業務改善のため」といった、目的だけにとどまるものではありません。「新人教育や業務改善のためにマニュアルを活用すれば、どのような効果が生まれるのか」といった**結果やメリットについてまでを明確にし、それを社員全員に伝える**のです。

文化形成は、大義名分なしでは成し遂げられないもの。社員が納得できる大義名分を掲げ、マニュアルを会社の文化として根付かせてください。

MEMO マニュアルを導入する大義名分がなければ、社員はその存在意義を見出せず、作成も運用も更新も失敗に終わる可能性が高まる。

マニュアルを社内文化にする

反発する社員への対応

すべての社員がマニュアル導入に賛成するとは限らない。そこで、マニュアルが当たり前に存在する文化の形成を目指す。

▶「自分にとってマニュアルは不要だ」と判断できるようであればマニュアルを使用する必要はないなどとルール設定し、ベテランからの反発を抑える。ただし、マニュアルの存在や内容を認めてもらい、社内への浸透に協力してもらえるよう働きかけることが大切

大義名分を掲げて文化形成する

マニュアルをなぜ導入するのか、導入すればどのような結果やメリットが得られるのか。それらを大義名分として掲げ、マニュアル導入の理解を得る。

メリットの説明

- 新人教育が円滑に進み、新人の即戦力化が早まる
- 業務の属人化が解消され、残業が少なくなる
- 業務のやり方や手順が均一化されることで、同質の結果を得られる

▶全員にマニュアル導入を認めさせることは難しくても、文化として形成され根付いていけば、マニュアルが存在する環境に自然と溶け込めるようになる

15｜仕組化と習慣化がマニュアルサイクルのカギ

マニュアル人間にならないために

POINT

- ◆質の悪いマニュアルが「マニュアル人間」を生む。
- ◆頭の空き容量を増やすためにマニュアルを作成する。
- ◆マニュアルで、自発的な思考と行動を育む。

○「マニュアル人間」が生まれる理由

世間一般では、マニュアルどおりに動く人のことを「マニュアル人間」と呼ぶ傾向があります。自分の考えや意思が見られず、「機転が利かない」「人間味が感じられない」など、「マニュアル人間」と呼ばれる人の特徴を踏まえると、マニュアルに対するネガティブなイメージがそのまま伝わってくるものです。しかし、マニュアルどおりに動いた人が「マニュアル人間」になるというわけではありません。

ここで、第1章のP.24で説明したマニュアルの効果を思い出してください。マニュアルが発揮する本来の効果は、業務上の「悩む」「迷う」「やり直す」をなくし、頭の空き容量を増やして、「探求する」「創意工夫する」「新発想を生み出す」といった**柔軟な思考や行動をとれるようにする**ことです。つまりマニュアルの活用によって「マニュアル人間」になってしまうということは、マニュアル本来の効果が発揮できる内容になっておらず、適切な運用や更新もされていないということなのです。

○ 適切なマニュアルで「マニュアル人間」の形成を回避する

本書ではここまで、マニュアル導入に向けた心構えや意識するべき概念、作成方法やその先の運用と更新についての説明をしてきました。そのどれもが、マニュアル本来の効果を発揮させるためには必要不可欠な知識や施策です。

マニュアルは、「マニュアル人間」を形成するものではなく、自ら思考し行動に移せる社員を育てます。新入社員がマニュアルに関して意見を言えること自体が、「マニュアル人間」ではない証です。それを実現させるためにも、ぜひ本書を基にした内容の作成と運用、更新を行ってみてください。

MEMO 「マニュアル人間」を作り出してしまうのはマニュアルそのものではなく、マニュアルを運用する組織の体制や使い方などの仕組みといえる。

マニュアルに対する誤解と本来の効果

適切なマニュアルは「マニュアル人間」を生まない

マニュアルを使うと「マニュアル人間」になるというのは大きな誤解。あらためてマニュアルの効果をおさらいする。

マニュアルを使うと「マニュアル人間」になる？

機転が利かない

人間味が感じられない

発想力に乏しい

創意工夫が見られない

成長できない

探究心がない

これは大きな誤解！

マニュアルが「マニュアル人間」を生むのではなく、
質の悪い内容や的外れな使い方が
「マニュアル人間」を生み出す

適切なマニュアルが導入されると！

余裕のある働き方ができる

業務に創意工夫をする

探究心が芽生える

新発想ができる

▶「マニュアル人間」にならないために適切なマニュアルを使う！

COLUMN 5

マニュアルに宿る作成者の愛着

どのようなものにも、それを作成した人の気持ちが込められています。自己満足で作ったもの、誰かの役に立つことを願って作成したもの。作成した意図や目的にかかわらず、手間暇をかけて作った人からすれば、それは力作であり強い愛着もわきます。

マニュアルも同じです。上司に作成を命じられたのか、自らマニュアルの導入プロジェクトを立ち上げたのかはわかりませんが、頭をひねり、手を動かしながら、時間と手間をかけて作成したマニュアルなのですから、それ相応の愛着がわくに違いありません。

そんな愛着のあるマニュアルに対して、「内容がわかりづらい」、「間違っている」、「文字が読みづらい」、「使い物にならない」などと露骨に非難を浴びせられたら、作成者も気分がよくないでしょう。過去に作成されたマニュアルを新たに作成し直すとなれば、過去の作成者には、きっとやるせない気持ちが芽生えることでしょう。そうして、マニュアルに宿っていた作成者の愛着は、いつしか“怨念”へと変わってしまうかもしれません。

マニュアルには、内容を書き換える継続的な「更新」が求められます。また過去に作成されたマニュアルがあったとしても、ゼロから作り直すのが得策である場合があることも事実です。ただ、いずれの実行にあたっても、マニュアルの作成者に対する敬意や配慮は欠かさないでほしいのです。過剰に内容を非難したり、存在意義を否定するような言動は避け、作成者の苦労をねぎらう気持ちや姿勢を持ってそれらの実行にあたってください。そうすれば、作成者が作成にかけた時間も手間も報われ、マニュアルはさらに完成度の高いものへと進化を遂げられるはずです。

マニュアルには、作成者の強い愛着が宿っています。取り扱いの際や、内容に変更を加えたり作成をし直す際には、愛着を“怨念”に変えてしまわないような心配りをどうか忘れずに。

第６章

業務別マニュアル準備シートとマニュアル例

この章では、さまざまな業種や業務ごとのマニュアル準備シートとマニュアルの一例を紹介します。基本的なポイントを押さえ、マニュアルを作成する際の参考にしてください。

マニュアル準備シート例――人事採用 …… 174
人事採用マニュアル例 …… 176
マニュアル準備シート例――入社準備 …… 180
入社準備マニュアル例 …… 182
マニュアル準備シート例――災害対策 …… 186
災害対策マニュアル例 …… 188
マニュアル準備シート例――社内システムの使用方法 …… 192
社内システムの使用方法マニュアル例 …… 194
マニュアル準備シート例――営業 …… 198
営業マニュアル例 …… 200

マニュアル準備シート例――人事採用

マニュアル化したい業務名	人事採用（中途採用）
業務の概要	中途入社希望者を募集する広報活動、採用に向けてWEBテストや面接を実施する選考活動、内定通知。大きくこの3つの業務に分けられる。採用計画と入社手続きについては扱わない。
関係者の人数（内訳）	4人（役員1名、採用担当者2名、上司1名）
これまでの教育方法	これまで、新しく採用担当になった者に対し特に教育は行っておらず、広報活動や採用面接前に前任者からポイントの説明や、やることの指示を都度もらっていた。
一人前になる期間と成長の差	最初からひととおりやればノウハウはわかるが、時間が経つと失われる。

マニュアル準備シート

大分類		中分類	小分類	実働時間（分）
1	広報活動	（1）準備段階	①採用計画書を読み合わせる	15
			②担当者へメールで依頼をする	10
		（2）掲載原稿作成	①掲載内容の原稿を確認する	120
			②人事課長にチェックを依頼する	60
		（3）掲載	①掲載依頼をする	10
			②掲載されたことを確認する	10
2	選考活動	（1）書類選考	①応募書類の規定にそっているか確認する	30
			②内容の確認をする	30
			③人事課長にチェックを依頼する	30
		（2）WEBテスト	①WEBテストURLを送付する	10
			②WEBテスト結果の確認をする	20
		（3）採用面接1	①日程調整をする	10
			②面接	60
			③面接フィードバックをする	60
			④面接結果の通知をする	15
		（4）採用面接2	①日程調整をする	10
			②面接	60
			③面接フィードバックをする	60
			④面接結果の通知をする	15
3	内定	（1）内定通知	①内定通知を作成する	10
			②内定通知を送付する	1

Point マニュアル準備シートの基本的なフォーマット例。「誰が、誰に」や「新人難度」は内容に応じて記載する。ここで記載した小分類が次ページのワークフローに入り、オペレーションの項目名になる

マニュアルの対象者	新たに採用担当になった者、久しぶりに採用活動をする者
マニュアル準備シート活用時の気づき	採用のやり方が統一されておらず、担当者や年によってやり方が変わるので、情報集めの際に人の意見によってブレてしまわないように気を付ける。

誰が	誰に	新人難度	関連書類	資料URL	備　考
採用担当	-	低	無		
採用担当	ベンダー	低	無		
採用担当	-	低	有	ファイルサーバ:\採用\掲載内容.pdf	給与は要確認
採用担当	人事課長	低	無		
採用担当	ベンダー	低	無		
採用担当	-	低	無		
採用担当	-	低	無		
採用担当	-	低	無		
採用担当	人事課長	低	無		
採用担当	応募者	低	無		
採用担当	-	低	無		
採用担当	応募者	低	無		応募者、採用担当1名、人事課長
採用担当	応募者	中	無		
採用担当	人事課長	中	無		
採用担当	応募者	低	有	通知書類フォルダ内	
採用担当	応募者	低	無		応募者、役員１名、人事課長、採用担当1名
採用担当	応募者	中	無		
採用担当	人事課長	中	無		
採用担当	応募者	低	有	通知書類フォルダ内	
採用担当	-	低	無		
採用担当	内定者	低	無		

人事採用マニュアル例（一部抜粋）

人事採用（中途採用）マニュアル

<table>
<tr><td>概要</td><td colspan="4">中途入社希望者を募集する広報活動、採用に向けてWEBテストや面接を実施する選考活動、内定通知。大きくこの３つの業務に分けられる。採用計画と入社手続きについては扱わない。</td></tr>
<tr><td>誰が</td><td colspan="2">人事部採用担当者</td><td>誰に</td><td>―</td></tr>
<tr><td rowspan="2">目的</td><td>利　他</td><td colspan="3">応募者に対してスムーズな採用対応を行える。</td></tr>
<tr><td>利　己</td><td colspan="3">面接以外の形式的な採用業務のやり方に迷うことがなくなり、ほかの業務にあてる時間を確保することができる。</td></tr>
<tr><td rowspan="2">求める結果</td><td>完了期限</td><td colspan="2">完了時の状態</td><td>所要時間</td></tr>
<tr><td>1～3ヶ月</td><td colspan="2">会社として必要とする人材を確保した状態。</td><td>応募者1人
あたり
約10時間半～</td></tr>
</table>

広報活動

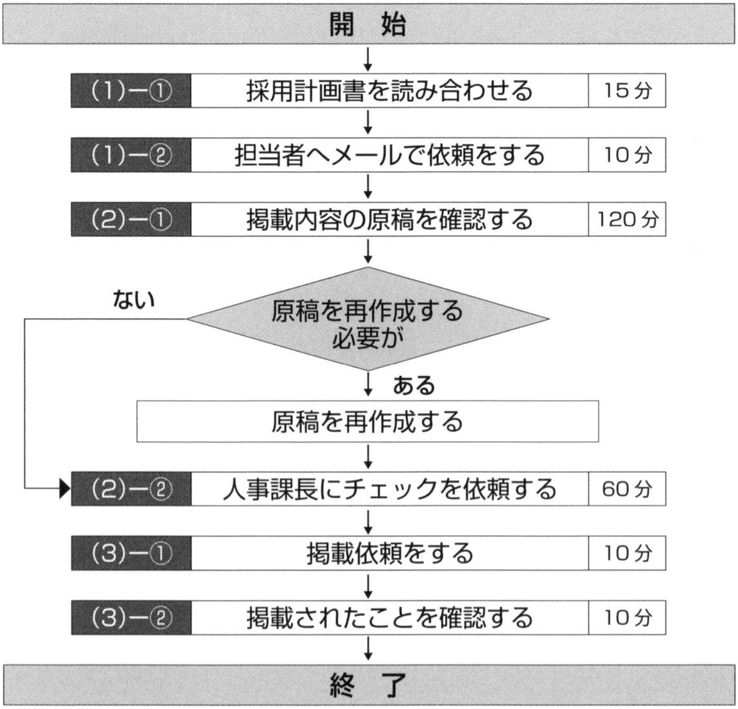

1

人事採用(中途採用)マニュアル　▶広報活動

(1)ー①	採用計画書を読み合わせる	[目安]15分

(1)採用計画書の内容を確認する

- 人事会議で策定された採用計画書の内容を確認する。
- 読み合わせ会議は、採用担当者2名と上司1名、可能であれば人事役員を入れて行う。

(2)確認事項をチェックする

- 確認事項

□ 何月期に採用するか
□ 採用人数
□ 所属部署の想定
□ 採用者に求めるスキル、資格、経歴
□ 年齢制限

- 確認事項をチェックする際は、内容の意図を共有する。

例）なぜ採用者の所属部署は総務課を想定しているのか?
　　募集条件で「管理職経験3年以上」とする理由　など

(1)ー②	担当者へメールで依頼する	[目安]10分

(1)メールで依頼をする

- 求人サイトの担当者へ新規採用をしたい旨をメールする。

アドレス : XXXXXXXXXXX@ △△△ . co. jp
担当者 : 求人サイト○○○　法人営業部　佐々木様

- 内容としては、「新規依頼」と「見積書の発行依頼」の 2 つになる。

(2)見積書の対応をする

- 見積書を受領したら中身を確認する。
  - ・これまでのものと金額面での比較をする。
  - ・社名に誤りがないか確認をする。
- 問題がなければそのまま見積書を人事課長へ転送する。

2

人事採用(中途採用)マニュアル　▶広報活動

(2)ー①	掲載内容の原稿を確認する	[目安]120分

(1)掲載内容アンケートへ回答する

- 掲載内容アンケートに回答する。
  - ・基本的には以前掲載したものを再掲載するため、掲載内容に変更がない場合は「変更なし」にチェックを入れて回答する。
- 内容を変更したい、再作成する場合には（2）へ。それ以外は④へ進む。

(2)原稿を再作成する

- 業務内容（見出しに載るもの）
  - ・業務内容を単語で端的に　（例：ルート営業、製品製造　など）
  - ・勤務時間も簡潔に　（例：9時～ 18 時、フレックスタイム制　など）
  - ・休日数は社内規定に基づき記載　（例：年間休日 123 日）
  - ・その他ポイントも記載　（例：直行直帰 OK！、在宅勤務 OK！　など）

> 例）工業機械のルート営業（未経験歓迎）★フレックスタイム制／年間休日 123 日～／初心者でも営業スキルが身につく仕事です!

- 仕事内容
  - ・見出しに記載の仕事内容についてより詳しく説明する。
  - ・具体的な業務名だけでなく、どういったことをするのか、何を目標として仕事するかを記載する。

> 例）法人向け営業では弊社製品を使った新規事業提案、お客様からいただいた意見を基にした新製品開発の立案など大きなものから、商品ポップの作成、小売店への訪問、ときにはお客様からのフィードバックの分析まで、幅広く手がけています。弊社はお客様と密接にかかわり合うことで、商品の拡売とサービスの長い継続を目指しています。あなたのスキルを活かして、活躍してください!

- 応募資格
  - ・採用計画書の内容から記載する。
  - ・未経験募集の場合は「こんな人歓迎!」といったことを書くようにする。

> 例）大手企業とかかわる仕事がしたい人！　社会の役に立つ製品を扱いたい人！

- 雇用形態、勤務地、勤務時間、給与、休日休暇、会社概要、福利厚生
  - ・社内規定に変更がない限り、現状のままとする。

3

人事採用（中途採用）マニュアル　▶広報活動

(2)ー②	人事課長にチェックを依頼する	[目安]60分

(1)人事課長へ提出する

- 掲載原稿を人事課長へ提出する。その際にチェック期限を伝えること（要相談）。
- 確認が終わり、問題が無ければ⑤へ進む。

もしも修正が必要になったら・・・
⇒指摘箇所を修正して、再度人事課長に提出をする。

(3)ー①	掲載依頼をする	[目安]10分

(1)データを送付する

- 佐々木様に、捺印した見積書とともにメールでアンケートを送付する。

データ受領後の動き
・データに不備がなければ受領される。
・佐々木様からの返信で掲載開始日と期間の再確認があるので、忘れずにチェックする。（3日以内）

(3)ー②	掲載されたことを確認する	[目安]10分

(1)掲載を確認する

- 掲載は、掲載予定日の正午にされる。URL先で掲載されたことを確認する。

「グッド転職」ホームページ内で検索
もしくは
https://everyone-employment.XXXX.com/

- 通しで読み、あらためて不備がないかを確認する。

掲載に不備があったら・・・
⇒万が一不備があった場合は佐々木様に即報告する。

4

マニュアル準備シート例――入社準備

マニュアル化したい業務名	中途採用者の入社準備
業務の概要	中途採用選考をクリアした応募者が入社するまでに、済ませておくべき各種事務手続きや案内について。ただし、雇用保険、社会保険、厚生年金等の手続きについては総務課の業務内容のため、別マニュアルへ記載する。
関係者の人数（内訳）	3名（採用担当者2名、上司1名）
これまでの教育方法	形式的に決まったものではあったが、教育をしてこなかった。大まかな流れだけを説明し、あとは随時、不明点があれば聞くようにしていた。
一人前になる期間と成長の差	一度でもやれば流れの把握は可能。

マニュアル準備シート				
大分類		中分類	小分類	実働時間（分）
1	必要書類の準備	（1）書類を作成する	①内定通知書を作成する	10
			②内定承諾書を作成する	5
			③必要書類一覧を作成する	10
		（2）送付と受領	①書類を送付する	5
			②返信書類の受領と保管をする	6
2	環境の準備	（1） PCまわり	①新入社員用PCアカウントの作成依頼をする	20
			②PCの動作確認をする	30
		（2）デスクまわり	①配属デスクの整理をする	15
			②必要備品の補充をする	15
		（3）携帯電話まわり	①社用携帯電話の契約をする	30
			②社用携帯電話の受け取り	30
3	OJT資料の準備	（1）打ち合わせ	①教育担当者と打ち合わせをする	40
			②入社日の案内の打ち合わせをする	40
		（2）資料確認	①教育資料の確認をする	30
			②教育資料の更新をする	30
			③社内案内資料の確認をする	30
			④社内案内資料の更新をする	30
4	入社前面談	（1）入社前面談	①日程調整をする	10
			②入社前面談を実施する	120
		（2）懸念点の確認	①懸念事項の確認をする	60

Point 作成する書類のフォーマットや見本があるようなら、ポイント解説をキャプションで入れて説明するとわかりやすくなる。見本内容が変更されたら、マニュアル記載の見本も更新することを忘れずに

マニュアルの対象者	新たに採用担当になった者、久しぶりに採用活動をする者
マニュアル準備シート活用時の気づき	関連資料が古いものと混在していて、管理の不十分さが明確になった。大分類の「必要書類の準備」において、書類の送付は、すべての書類が準備できたらまとめて送るほうが効率的。

誰が	誰に	新人難度	関連書類	資料URL	備　考
採用担当	-	低	有	人事管理ファイル	
採用担当	-	低	有	人事管理ファイル	
採用担当	-	低	有	人事管理ファイル	
採用担当	内定者	低	無		
採用担当	-	低	無		
情シス	-	低	無		情報システム担当に依頼をするのみ
情シス	-	低	無		情報システム担当に依頼をするのみ
採用担当	-	低	無		
採用担当	-	低	無		
採用担当	ベンダー	低	有	携帯電話契約ファイル確認	
採用担当	-	低	無		
採用担当	OJT担当者	低	無		
採用担当	OJT担当者	低	無		
採用担当	OJT担当者	低	有	別途担当者へ確認すること	
採用担当	OJT担当者	中	有	新人教育ファイル	
採用担当	-	低	有	ファイルサーバー :\社内資料\社内設備	
採用担当	-	中	有	ファイルサーバー :\社内資料\社内設備	
採用担当	内定者	低	無		
採用担当	内定者、上司	中	有	ファイルサーバー :\採用\入社前面談\過去	
採用担当	内定者、上司	中	無		

入社準備マニュアル例（一部抜粋）

中途採用者の入社準備マニュアル

<table>
<tr><td>概要</td><td colspan="4">中途採用選考をクリアした応募者が入社するまでに、採用担当者が済ませておくべき各種事務手続きや案内について。ただし、雇用保険、社会保険、厚生年金等の手続きについては総務課の業務内容のため、別マニュアルへ記載する。</td></tr>
<tr><td>誰が</td><td colspan="2">採用担当者が</td><td>誰に</td><td>内定者に</td></tr>
<tr><td rowspan="2">目的</td><td>利　他</td><td colspan="3">内定者が入社するまでの各種手続きを滞りなく進められ、不安を払拭できる。</td></tr>
<tr><td>利　己</td><td colspan="3">内定者に送付する必要書類の作成に工数をかけないで終わらせられる。</td></tr>
<tr><td rowspan="2">求める結果</td><td>完了期限</td><td colspan="2">完了時の状態</td><td>所要時間</td></tr>
<tr><td>入社日まで</td><td colspan="2">入社前面談が終了し、無事に入社日を迎えるだけの状態にする。</td><td>内定者
1人あたり
～10時間</td></tr>
</table>

大項目ワークフロー

① 必要書類の準備 ▶ ② 環境の準備 ▶ ③ OJT資料の準備 ▶ ④ 入社前面談

大項目①　必要書類の準備

開　始

↓

(1)ー①	内定通知書を作成する	10分
(1)ー②	内定承諾書を作成する	5分
(1)ー③	必要書類一覧を作成する	10分
(2)ー①	書類を送付する	5分
(2)ー②	返信の受領と保管をする	6分

↓

終　了

1

▎入社準備マニュアル　▶必要書類の準備

(1)ー①	内定通知書を作成する	[目安]10分

●内定通知書を準備する

- 原本データは「人事管理ファイル」にあるのでPDFに書き出して使う。
- 名前と各日付に注意して作成すること。

年　月　日

書類送付日

＿＿＿＿＿＿＿様

内定者の名前を記入する

株式会社 ○△□

代表取締役 ×山○男

内定通知書

拝啓　貴殿におかれましてはますますご健勝のこととお喜び申し上げます。このたびは、弊社入社試験にご応募いただきましてありがとうございました。また先日は最終面接にご足労いただきましたこと、重ねてお礼申し上げます。

入社日

厳正な選考の結果、貴殿を採用内定といたしましたので、ご連絡いたします。

入社日は、　年　月　日を予定しております。

つきましては、同封の必要書類に記入、署名・押印のうえ、期日内にご返送くださいますようお願いいたします。

ご不明な点がありましたら、末尾に記載しました連絡先までお問い合わせいただけますと幸いです。

労働条件につきましては別途通知いたします。

まずは取り急ぎご通知申し上げます。

敬具

記

1. 同封書類：内定承諾書、必要書類一覧
2. 提出期限：　年　月　日　必着

入社日の2週間前の日付を入れる

問い合わせ先：株式会社 ○△□

採用担当　A田B介　03-99××－××××

以上

2

(1)ー②	内定承諾書を作成する	[目安]5分

●内定承諾書を準備する

- 内定承諾書は原本があるので、それをコピーする。
- 原本は「人事管理ファイル」にあるので、基本的にそのまま使用すること。

採用内定承諾書

株式会社 ○△□
代表取締役 ×山○男殿

私は、貴社からの採用内定を承諾いたします。また、提出書類で変更が生じた場合には、遅滞なくご報告いたします。

なお、内定期間中に下記事項が生じた場合は、採用内定を取り消されても不服申し立てはいたしません。

記

・健康上の問題で、就業が困難となったとき
・書類等に虚偽が発覚したとき
・犯罪行為またはそれに類する非行を犯し、あるいは貴社の社員として不適格ないし品位を害する事由を生ぜしめたとき
・その他、勤務に支障をきたす事象が認められたとき

以上

年　　月　　日
住　　所：
氏　　名：　　　　　　　　　　印

内定者記入欄なので、こちらは何も記入しないこと

入社準備マニュアル　▶必要書類の準備

(1)ー③　必要書類一覧を作成する　[目安]10分

●必要書類一覧を準備する

- 原本は「人事管理ファイル」にあるのでそれをコピーして使う。
- 「提出可否」のチェックは主に扶養と配偶者の有無にかかわる事柄になる。履歴書の情報から確認して、あらかじめチェックを入れておく。

入社日に持参する書類一覧
マイナンバーカードの写しまたはマイナンバー通知書の写し
マイナンバー通知書の写しの場合は免許証・資格者証の写しを添付
被扶養者のいる方は被扶養者全員のマイナンバー
基礎年金番号のわかるもの
雇用保険被保険者証
住民票記載事項証明書
前勤務先の源泉徴収票

(2)ー①　書類を送付する　[目安]5分

●準備した書類３枚を送付する

- 下記を同封して内定者に送付。
  - ・内定通知書　1部　　・内定承諾書　1部
  - ・必要書類一覧　1部　　・返信用封筒（切手貼る）　1部
- 返信用封筒には採用担当者名と会社の住所を書く。

●メールで連絡をする

- 郵送後、その日のうちに内定者に送付の旨をメールする。
- メールには必ず返信用封筒で内定日の２週間前までに返信することを記載する。

(2)ー②　返信の受領と保管をする　[目安]6分

●受領する

- 返信が到着したら、「内定承諾書」に必要事項が記入されているか確認する。
  - ・年月日　・住所　・氏名　・捺印

●保管をする

- 問題がなければサーバーに保管する。
  保存先　ファイルサーバー：¥採用資料¥提出書類¥内定承諾書保管
- 印刷したものを「人事部ロッカー」の５番、「中途採用者　内定承諾書」にファイリングする。
- 不備があった場合はただちに内定者に連絡をして再送する。

4

マニュアル準備シート例──災害対策

マニュアル化したい業務名	災害対策対応
業務の概要	避難訓練や備蓄の補充、施設の安全管理は実際に災害が起こってからではなく、災害が起こる前の備えとして日ごろから注意すべき項目。備蓄管理、施設設備の管理は年に一度行われる避難訓練日に総務課で対応する。実際の災害が起こったときの対応については要相談事項。
関係者の人数（内訳）	総務課社員
これまでの教育方法	総務課の一部の社員に任せきりで属人化していたため、教育はしてこなかった。
一人前になる期間と成長の差	－

マニュアル準備シート				
大分類		中分類	小分類	実働時間（分）
1	備蓄の定期チェック	（1）飲料水の確認	①飲料水の本数を確認する	10
			②飲料水の賞味期限を確認する	20
		（2）主食の確認	①主食の個数を確認する	10
			②主食の賞味期限を確認する	20
		（3）カセットコンロの確認	①ガスボンベの使用期限を確認する	10
			②カセットコンロの動作確認をする	10
		（4）補充と廃棄	①備蓄補充の手配をする	10
			②備蓄の廃棄（配布）をする	20
2	施設と備品の管理	（1）施設と備品の管理	①複合機の固定を確認する	5
			②棚とロッカーの補強を確認する	20
			③各扉の周りを確認する	10
			④施設内消火器の期限を確認する	15
			⑤各部内の危険箇所を確認する	20
			⑥非常階段を確認する	10
			⑦非常用電源の動作を確認する	2
3	避難訓練	（1）準備	①避難訓練日を決定する	15
			②事前アナウンスをする	5
			③「避難訓練のお知らせ」を作成する	10
			④共有スペースへ掲示する	5
		（2）訓練当日	①避難訓練用テープを放送する	5
			②屋外へ避難誘導する	10
			③点呼をする	5
			④避難時間を計測する	15
		（3）次回に向けて	①講評	5
			②総括	5

Point 単純な作業のワークフローは、内容がわかるようにできていれば中分類でまとめ、オペレーションもそれに対応させてもよい。あくまでも業務の流れがわかりやすいかどうかを意識しよう

マニュアルの対象者	総務課全員
マニュアル準備シート活用時の気づき	実際の災害が起きた時の対応についてはマニュアルはもちろんのこと、ノウハウや知識についてもまったく備えがなかった。実際に災害が起きた場合の想定は大幅な見直しを図る必要がある。

誰が	誰に	新人難度	関連書類	資料URL	備　考
担当者	-	低	無		
担当者	-	低	無		
担当者	-	低	無		
担当者	-	低	無		
担当者	-	低	無		
担当者	-	低	無		
担当者	ベンダー	低	有	ベンダーのパンフレットあり	
担当者	-	低	無		
担当者	-	低	無		
担当者	-	低	無		
担当者	-	低	無		
担当者	-	低	無		
担当者	各部長	低	無		
担当者	-	低	無		
情シス	-	低	無		情報システム部と共に立ち合い
担当者	総務M	低	無		
担当者	-	低	無		
担当者	-	低	有	書類のフォーマットを印刷	
担当者	-	低	無		
担当者	-	低	有	テープはMP3でUSBに保存されている	
全員	-	低	無		
担当者	総務M	低	無		
担当者	-	低	無		
全員	総務課長	低	無		
課内	総務課長	低	無		

災害対策マニュアル例（一部抜粋）

災害対策対応―― 備蓄の定期チェックマニュアル

概要	備蓄管理、施設設備の管理、避難訓練の実施を総務課でとり行う。これらの作業は年に一度の避難訓練日にまとめて対応する。		
誰が	総務課の担当者が	誰に	全社員に
目的	利他	いつか起こる災害へ向けてしっかりとした対策を講じておくことで、社員が安心して働ける環境を目指す。	
	利己	「万が一」が起きたときに混乱を避けられる。	
求める結果	完了期限	完了時の状態	所要時間
	避難訓練日のうちに	備蓄の状態を把握できており、期限の迫ったものは廃棄（配布）し、備蓄の安全性が確保された状態。	2時間弱程度

災害に備えて

首都直下型大地震は今後30年以内にかなりの確率で発生するといわれています。また、毎年のように強力な台風が襲い掛かり、水害が発生しています。災害先進国である日本に所在する企業である以上、こういった災害から逃れるすべはありません。

たしかに災害は「いつ起こるかわからない」ものではあります。30年以上先のことかもしれません。この後すぐかもしれません。「いつ起こるかわからないから、そのうち対策の準備をしよう」ではなく、「いつ起きてもいいように備えておこう」という意識をもって、災害対策をしましょう。

確認時の心得

- 2人以上で行い、ダブルチェックする
- 管理項目シートにチェックを入れる
- 「いつ起こるかわからない」からこそ今やる
- ひとつの怠りが一命にかかわる

1

災害対策対応　▶備蓄の定期チェックマニュアル

開　始

↓

(1) 飲料水の確認
①飲料水の本数を確認する。
②飲料水の賞味期限を確認する
30分

↓

(2) 主食の確認
①主食の個数を確認する
②主食の賞味期限を確認する
30分

↓

(3) カセットコンロの確認
①ガスボンベの使用期限を確認する
②カセットコンロの動作確認をする
20分

↓

(4) 補充と廃棄
①備蓄補充の手配をする
②備蓄の廃棄（配布）をする
30分

↓

終　了

(1)	飲料水の確認	[目安]30分

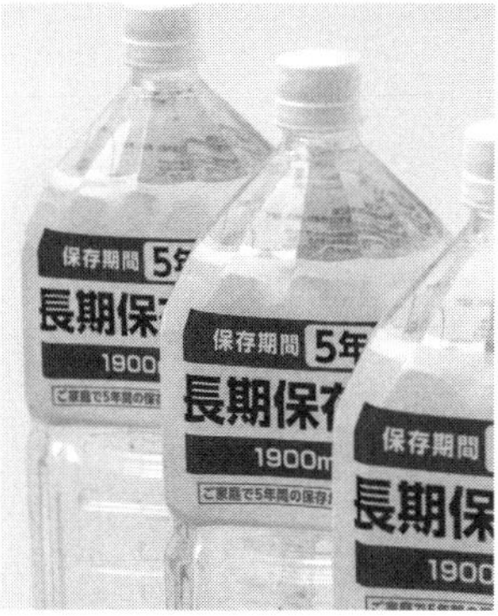

①飲料水の本数を確認する

1）24 本セットで5箱があることを確認する。
2）管理項目シートと本数に差異がないことをチェックする。

②飲料水の賞味期限を確認する

1）箱を開け（前年度も確認をしているので既に開いている）、中の水の賞味期限を確認する。2本分チェックする。
2）箱側面に書かれた賞味期限を確認し、ペットボトルの賞味期限と等しいことを確認する。
3）賞味期限が1年以内のものについては取り除く。（→項番（4）で対応）
4）減った分の本数を管理項目シートに記載する。

2

災害対策対応　▶備蓄の定期チェックマニュアル

(2)	主食の確認	[目安]30分

①主食の個数を確認する

1）食料ケースを開封し、缶詰とレトルトパック、生活用水の個数が管理項目シートと差異がないことを確認する。

②主食の賞味期限を確認する

1）箱に書いてある賞味期限を確認する。
2）賞味期限が1年以内のものについては取り除く。（→項番（4）で対応）
3）減った分の本数を管理項目シートに記載する。

(3)	カセットコンロの確認	[目安]20分

①ガスボンベの使用期限を確認する

保管場所
カセットコンロとガスボンベはセットで置いてある。部屋の一番奥の、扇風機や古いコンピューターが置いてあるあたりにガスボンベ6本とカセットコンロ2台が保管されている。

1）缶に記載されている期限を確認する。
2）期限が1年以内のものについては取り除く。（→項番（4）で対応）

3

災害対策対応　▶備蓄の定期チェックマニュアル

②カセットコンロの動作確認をする

1）2台あるカセットコンロを箱から出し、着火して動作確認をする。
2）ガスボンベは既に入っているものがあるのでそちらを使用する。
　その際、このガスボンベの使用期限も確認しておく。
3）確認が終わったら、箱に戻し、元のあった場所へ保管する。

着火できない場合
仮に、着火できない、レバーが回らない等の不具合がある場合には、管理項目シートにその旨を記載する。

(4)	補充と廃棄	[目安]30分

①備蓄補充の手配をする

1）不足分については、株式会社◇◇◇◇へ連絡をとり、注文する。
　株式会社◇◇◇◇の担当者は法人営業部の安永様。

> 株式会社◇◇◇◇　法人営業部2課　安永 様
> 　メール：ZZZZZZZZZZ @◇××● .co.jp
> 　電話番号：042-××××-1234
> 　個人携帯：070-7474-××××

2）メールをするとカタログがもらえるので、念のため部内で回覧する。
　⇒必要があればカタログから新規購入する。

②備蓄の廃棄（配布）をする

1）賞味期限の近い食料は社員へ配布する。
　⇒配布方法は担当者へ任せるが、例年は部署内で消費するか、社内の共有スペースにブースを設けてセルフサービスにしている。
2）ガスボンベは市とビル管理の方針に従って廃棄する。
　⇒ガスボンベは配布しない。

4

マニュアル準備シート例――社内システムの使用方法

マニュアル化したい業務名	端末管理システムの使い方
業務の概要	社内の情報機器を管理する際に使用するサーバーの使い方。登録、削除、更新が主になる。
関係者の人数（内訳）	情報システム部全員
これまでの教育方法	よく使うシステムであるため、これといったマニュアルはこれまでなく、新人には都度教えることで対応してきた。
一人前になる期間と成長の差	データ管理をしていた者であれば他システムとの互換性もあるので難しくない。素養が無ければマスターまでに時間はかかる。

マニュアル準備シート				
大分類		中分類	小分類	実働時間（分）
1	端末登録	（1）情報確認	①コンピューター名を確認する	1
			②シリアルナンバーを確認する	1
			③資産管理番号を確認する	1
			④IPアドレスを確認する	1
		（2）登録	⑤端末の実機を確認する	1
			⑥システムログインする	1
			⑦端末を登録する	5
			⑧ダブルチェックしてもらう	2
			⑨情報を反映する	1
			⑩サインアウトする	1
2	登録削除	（1）情報確認	①コンピューター名を確認する	1
			②シリアルナンバーを確認する	1
			③資産管理番号を確認する	1
			④IPアドレスを確認する	1
		（2）削除	⑤実機を再確認する	1
			⑥システムログインする	1
			⑦削除前CSVファイルをエクスポートする	1
			⑧削除を実行する	2
			⑨ダブルチェックしてもらう	1
			⑩情報を反映する	1
			⑪削除後CSVファイルをエクスポートする	1
			⑫エクスポートデータを保管する	1
			⑬サインアウトする	1
3	内容更新	（1）情報確認	①コンピューター名を確認する	1
			②シリアルナンバーを確認する	1
			③資産管理番号を確認する	1
			④IPアドレスを確認する	1
		（2）更新	⑤システムログインする	1
			⑥更新前CSVファイルをエクスポートする	1
			⑦更新を実行する	5
			⑧ダブルチェックしてもらう	2
			⑨情報を反映する	1
			⑩更新後CSVファイルをエクスポートする	1
			⑪エクスポートデータを保管する	1
			⑫サインアウトする	1

Point 手順の細かいものや、現物の写真がないと説明がつかないものについては、画像を参照しつつ必要事項を詳細に記載する。写真は配置する場所をあらかじめ決めておく

マニュアルの対象者	情報システム部の新人向け
マニュアル準備シート活用時の気づき	機器情報のデータ上での確認からシステムへの登録という二重の管理体制により業務が煩雑になっており、改善が必要であることがわかった。

誰が	誰に	新人難度	関連書類	資料URL	備　考
担当者	-	低	有	端末管理表.xlsx	
担当者	-	低	有	端末管理表.xlsx	
担当者	-	低	有	端末管理表.xlsx	
担当者	-	低	有	端末管理表.xlsx	
担当者	-	低	無		
担当者	-	低	無		
担当者	-	中	無		
担当者	担当者2	低	無		
担当者	-	低	無		
担当者	-	低	無		
担当者	-	低	有	端末管理表.xlsx	
担当者	-	低	有	端末管理表.xlsx	
担当者	-	低	有	端末管理表.xlsx	
担当者	-	低	有	端末管理表.xlsx	
担当者	-	低	無		
担当者	-	低	無		
担当者	-	低	無		
担当者	-	中	無		
担当者	担当者2	低	無		
担当者	-	低	無		
担当者	-	低	無		
担当者	-	低	無		
担当者	-	低	無		
担当者	-	低	有	端末管理表.xlsx	
担当者	-	低	有	端末管理表.xlsx	
担当者	-	低	有	端末管理表.xlsx	
担当者	-	低	有	端末管理表.xlsx	
担当者	-	低	無		
担当者	-	低	無		
担当者	-	中	無		
担当者	担当者2	低	無		
担当者	-	低	無		
担当者	-	低	無		
担当者	-	低	無		
担当者	-	低	無		

社内システムの使用方法マニュアル例（一部抜粋）

端末管理システムの使い方マニュアル

概要	社内の情報機器を管理する際に使用するサーバーの使い方を解説する。登録、削除、更新が主になるが、基本的な操作方法は共通しているので、あくまでも手順を間違えないように気を付ける。		
誰が	情報システム部が	誰に	—
目的	利他	—	
	利己	PCの交換時期に入力情報と実機情報に差異がなくなり、余計な工数がかからなくなる。	
求める結果	完了期限	完了時の状態	所要時間
	—	実機情報に基づく端末管理情報が正しい値となっている状態。	各15分程度

端末登録

1

端末管理システムの使い方マニュアル

登録削除

開始

①〜④	情報を確認する ・確認工程は「登録」でやることと同じなので省略	4分
⑤	実機を再確認する	1分
⑥	システムログインする	1分
⑦	削除前CSVファイルをエクスポートする	1分
⑧	削除を実行する	2分
⑨	ダブルチェックしてもらう	1分

ダブルチェックで内容に不備が

ある（→①〜④）

ない

⑩	情報を反映する	1分
⑪	削除後CSVファイルをエクスポートする	1分
⑫	エクスポートデータを保管する	1分
⑬	サインアウトする	1分

終了

2

端末管理システムの使い方マニュアル

①〜④	機器情報を確認する	[目安]4分

(1) コンピューター名を確認する。

・「端末管理表 .xlsx」より登録したい端末を確認する。
　⇒最新のコンピューター名を取得する。

(2) シリアルナンバーを確認する。

・(1) の検索結果から、端末のシリアルナンバーを控えておく。

(3) 資産管理番号を確認する。

・A列にソートをかけ、登録したい資産管理番号を検索する。
　⇒資産管理番号の最新を取得する。

(4) IP アドレスを確認する。

・D列にソートをかけ、空きのある IP アドレスを確認する。

ワンポイントアドバイス
取得した情報は「メモ帳」などに貼りつけておくと便利。

⑤	端末の実機を確認する	[目安]1分

(1) 記載の情報を確認する。

コンピューター名
FA2201

シリアルナンバー
8SK0137B

資産管理番号
2201−F−002

⑥	システムログインする	[目安]1分

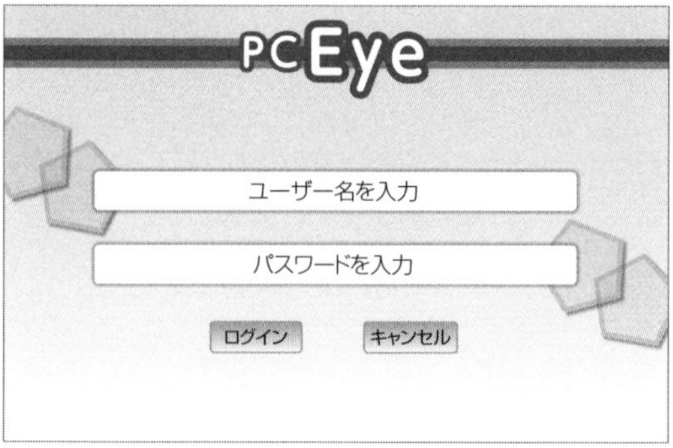

3

(1) ログインする。

- ユーザー名：admin
- パスワード：0k;Uw23eyE

端末管理システムの使い方マニュアル

⑦	端末を登録する	[目安]5分

(1) ログインができたら、端末管理画面が開く。

(2) 左端の「管理と登録」ボタンをクリックする。

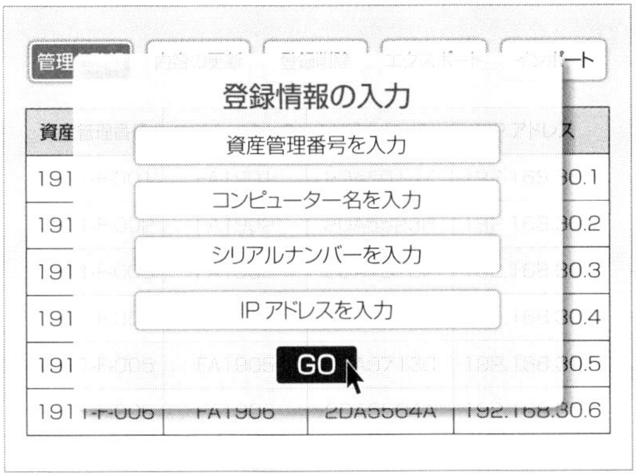

(3) 入力画面に進む。

(4) 項番1～4で取得した資産管理番号、コンピューター名、シリアルナンバー、IP アドレスを入力する。

(5) 入力ができたら「GO」をクリック。

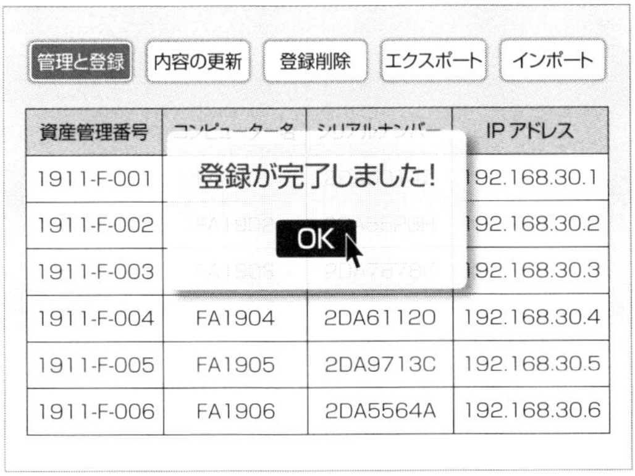

(6) 画面中央に「登録が完了しました！」と出たら OK で閉じる。

(7) エラーの場合は情報にミスがあるので再度入力し直す。

4

マニュアル準備シート例――営業

マニュアル化したい業務名	法人向け営業
業務の概要	当社のサービスを法人企業向けに営業する業務。個人営業とは取り扱う製品もさることながら、営業手法も内容が異なる。
関係者の人数（内訳）	合計12名。リーダー（L）1名。社員11名（うち新人2名）
これまでの教育方法	入社後の教育研修で営業の概要説明があり、配属後にOJT。専門的な資料の用意はない。
一人前になる期間と成長の差	早い人で3ヶ月、遅くても半年程度。コミュニケーションの能力のレベルが売り上げに直結していると考えられる。

マニュアル準備シート				
大分類		中分類	小分類	実働時間（分）
1	アポイント	（1）ストーリー作り	①ターゲットになるお客様を選定する	60
			②お客様情報を調査する	60
			③プランのゴールを設定する	60
			④ストーリーを組み立てる	60
			⑤リーダーへ報告・フィードバック	60
			⑥コンタクト手段を決定する	30
		（2）お客様への架電	①お客様に電話をする	5
			②状況をヒアリングする	10 ～
2	初回訪問へ向けて	（1）ストーリーの再作成	①商談のゴールを設定する	60
			②ストーリーを再構築する	60
			③追加情報を確認する	60
			④ストーリーをリーダーに報告する	60
		（2）資料の作成	①提案資料を作成する	180
			②リーダーと読み合わせする	40
			③修正する	60
			④見積書を作成する	40
			⑤リーダーへ確認する	30
			⑥修正する	60
		（3）面談準備	①想定される質問の回答を準備する	120
			②ロールプレイする	50
			③お客様への要望事項を確認する	30
3	初回訪問	（1）準備	①当日の準備	10
			②移動する	▲
		（2）あいさつ・アイスブレイク	①取次・あいさつ	5
			②アイスブレイク	5
			③お渡しした資料の説明をする	20
		（3）会社概要の説明	①当社の全体像について	3～5
			②事業概要について	3～5
			③とり行うサービスについて	3～5
			④これまでの実績について	3～5
			⑤アフターサービスについて	3～5
			⑥提携企業の紹介をする	3～5
			⑦スケジュールについて	3～5
			⑧料金について	3～5
			⑨質疑応答	10

Point ワークフローは中分類を主軸として関係者を記載し、それに伴いオペレーションも中分類で項目分けをした。関係者が多い場合に有効な記載方法になる

マニュアルの対象者	新卒社員
マニュアル準備シート活用時の気づき	社員によってまったく異なるノウハウを使っていた。ここでは昨年度営業成績が上位だった者のノウハウを参考に作成。業績に変化があれば修正予定。

誰が	誰に	新人難度	関連書類	資料URL	備　考
営業	-	低	無		
営業	-	低	有	管理フォーマット資料	
営業	-	低	無		
営業	-	中	無		
営業	リーダー	低	無		
営業	-	低	無		
営業	お客様	低	有	電話対応マニュアル参照	
営業	お客様	中	無		
営業	-	中	無		
営業	-	高	無		
営業	-	低	無		
営業	リーダー	低	無		
営業	-	中	有	過去履歴フォルダより確認	
営業とL	-	低	無		
営業	-	低	無		
営業	-	中	有	過去営業フォルダより確認	
営業	リーダー	低	無		
営業	-	低	無		
営業	-	中	無		
営業とL	-	中	無		
営業	-	低	無		
営業	-	低	無		
営業	-	低	有	社用車マニュアル参照	
営業	お客様	低	無		
営業	お客様	低	無		
営業	お客様	中	無		
営業	お客様	中	無		プレゼン資料はこの流れのとおりにまとめる
営業	お客様	中	無		
営業	お客様	中	無		
営業	お客様	中	無		
営業	お客様	中	無		
営業	お客様	中	無		
営業	お客様	中	無		
営業	お客様	中	無		
営業	お客様	中	無		

営業マニュアル例（一部抜粋）

法人営業マニュアル

概要	当社のサービスを法人企業向けに営業する業務。個人営業とは取り扱う製品もさることながら、営業手法も内容が異なる。		
誰が	当社営業部員が	誰に	法人のお客様に
目的	利他	当社の製品とそれに基づくソリューションを社内で展開することで、業務の改善につながる。	
	利己	法人のお客様相手は大きな金額が動く。また、成功すれば会社の名前も広がり、次のチャンスにつなげられる。	
求める結果	完了期限	完了時の状態	所要時間
	2週間〜3 ヶ月	当社の製品の営業に成功し、運用段階のアフターサービスが始まった状態。	〜35時間

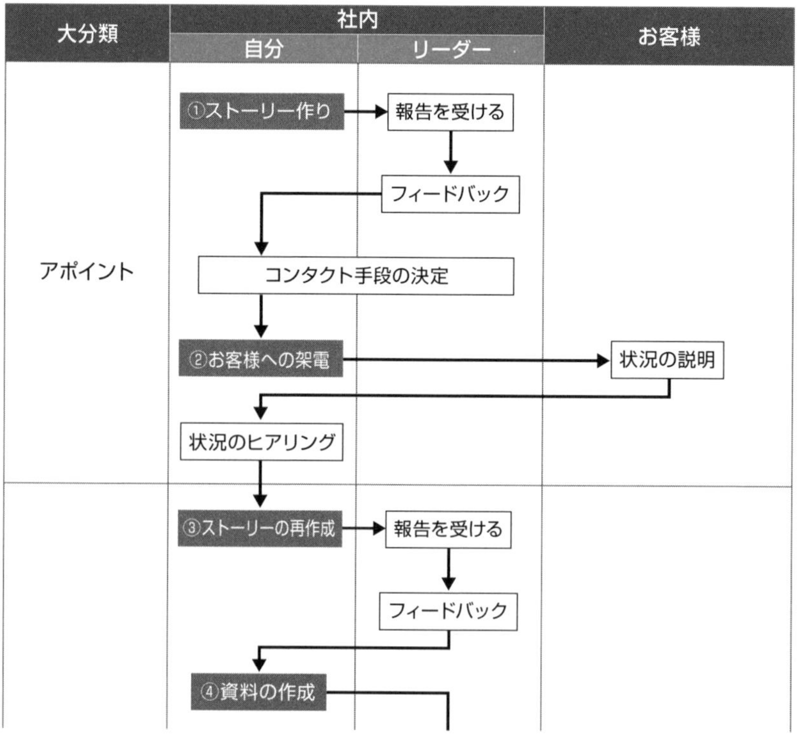

1

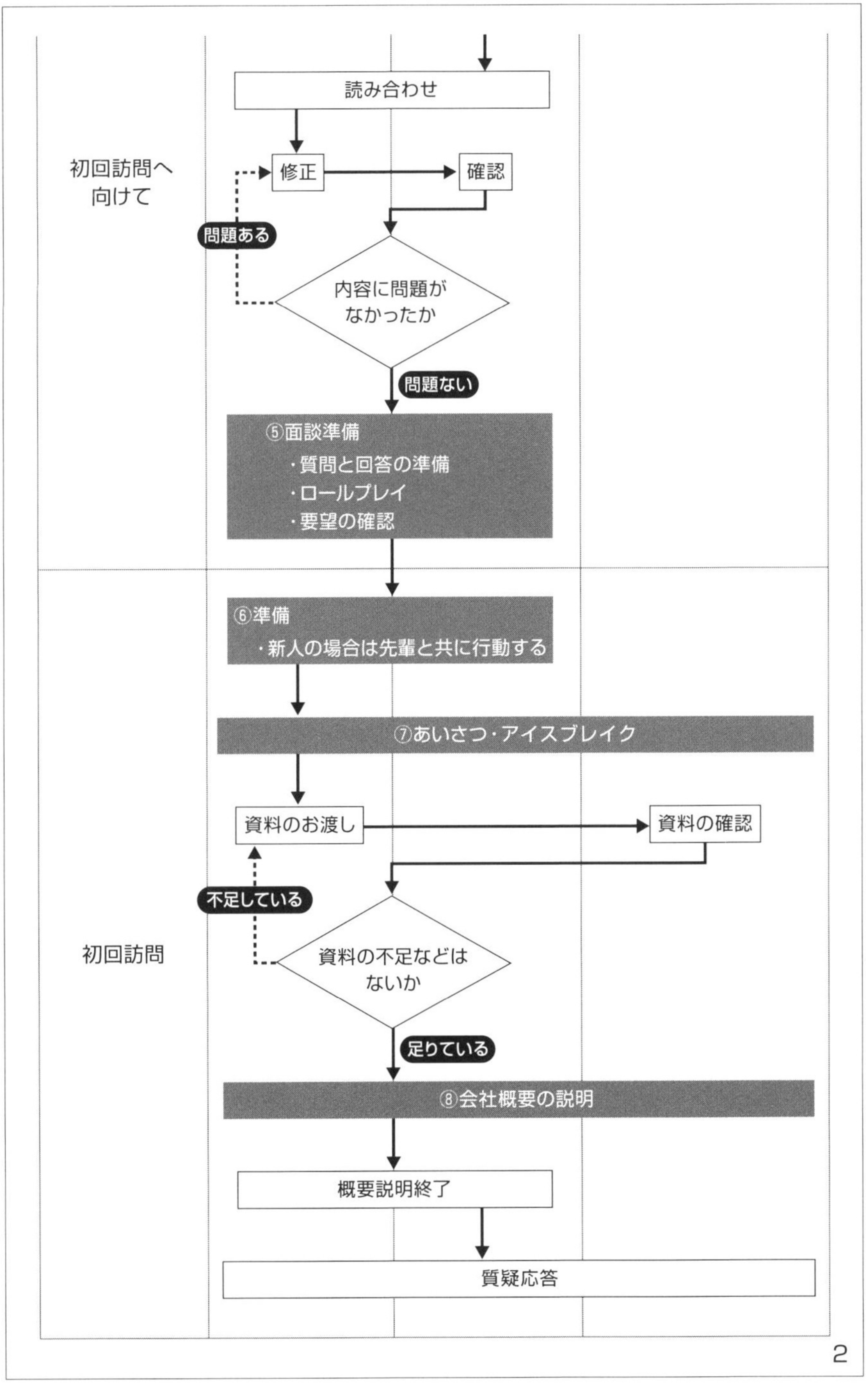
読み合わせ
初回訪問へ
向けて
修正
確認
問題ある
内容に問題が
なかったか
問題ない
⑤面談準備
・質問と回答の準備
・ロールプレイ
・要望の確認
⑥準備
・新人の場合は先輩と共に行動する
⑦あいさつ・アイスブレイク
資料のお渡し
資料の確認
不足している
初回訪問
資料の不足などは
ないか
足りている
⑧会社概要の説明
概要説明終了
質疑応答
2

法人営業マニュアル

①	ストーリー作り	[目安] 5時間半

1 ターゲットになるお客様を選定する 60分

1）以下の選定条件にそってピックアップする。

・ターゲットの業種業態、売り上げ規模、企業規模、成長性の総合点数から判断する。
・少なくとも5社は客観的なデータから見込み顧客をピックアップする。

2）「企業選定」シートにデータを記載し、リーダーへ提出する。
3）リーダーからのフィードバック後、1～2社に絞られる。

2 お客様情報を調査する 60分

1）リーダーの選定した企業について、より詳しく調査する。
1. ターゲットとなる会社の業界から調べていく。業界の形態、業界の規模、業界の常識など。
2. 以前にも同業界への営業がなかったか、データベースから検索する。
3. 業界研究後は、会社の規模だけでなく、創立年や沿革など、ホームページに掲載されている情報は網羅的に押さえる。
4. 特に企業理念などのマインド面は自身でも言語化できる程度には要所を押さえる。このあとのストーリー作りでこのマインドにそった提案を展開するため。
5. 口コミはあくまでも参考程度の調査とする。

3 プランのゴールを設定する 60分

1）目標金額（利益）の設定。
1. 会社の定めた営業戦略に基づき、営業状況と照らし合わせて、当社側としての目標（理想の利益）を定める。
2. お客様側の課題に対する当社の提供ソリューションの効果を想定し、製品の運用コスト（保証期間）を算出する。
3. 営業用の新規ツールが必要な場合は費用を入れる。

2）目標達成の期限を定める。
1. 期限は基本的には3ヶ月以内とする。
2. 製品の運用期間については期限に入れない。
3. 事情があって4ヶ月以上になりそうな場合は項番5でリーダーに説明をする。

ワンポイントアドバイス
この項目の内容はリーダーと要相談になるので、まずは自分なりの目標（ゴール）を定めること。

3

法人営業マニュアル

4 ストーリーを組み立てる 60分

1）調べ上げた顧客情報を参考にして、以下のポイントを押さえてストーリーを作る。

ストーリー作りのポイント

・ターゲットのお客様が興味を持てるもの
・ターゲットのお客様が必要としているかどうか
・ターゲットのお客様が「欲しい」と思えるか
・当社製品とサービスの強みがお客様の事業にどのように活かされるか
・疑問点や不安点をどれだけ払拭できるか

5 リーダーへの報告・フィードバック 60分

1）項番2～4で作成した資料を所属のリーダーに提出する。

2）フィードバックを受ける。
1. フィードバック時に打ち合わせを行い、リーダーとチームとしての目標のすり合わせをする。
2. 修正点があればその場で意見を聞き、修正する。
3. 修正した内容はリーダーに再提出をする。

6 コンタクト手段を決定する 30分

1）顧客に合わせたコンタクト手段を選ぶ。
1. 基本的にファーストコンタクトは電話でのやり取りとなる。
2. 代表電話がない場合のみ、メールでコンタクトをとる。
3. 候補日を選ぶ。

2）リーダーへ報告する。
1. コンタクト日をリーダーへ報告する。
2. 妥当な日程ではないと判断された場合、別日の候補に変更する。

4

さくいん

あ

暗黙知 …… 14
イノベーション …… 88
イラスト …… 134
色づかい …… 130
運用 …… 38
運用のルール設計 …… 58
王道パターン …… 20・86・132
オペレーション …… 96・110

か

階段化 …… 68・94
ガイドライン …… 166
概要 …… 76
可視化 …… 14・38・40・66
可視化のスケジュール …… 46
可視化のルールとゴール …… 42
活用頻度 …… 148
可読性 …… 94
紙 …… 48
期間 …… 82
期限や所要時間 …… 36
気づき …… 154
基本の型 …… 110
業務の洗い出し …… 40
禁止事項 …… 128
均質性 …… 62
形式知化 …… 14
結果の状態 …… 36
言語化 …… 14
検索性 …… 34・118
更新 …… 38・50・60・62・138・156・164
更新タイミング …… 158
更新の担当者 …… 160
更新履歴 …… 156
効率性 …… 14
困っている度合い …… 70
コミュニケーションツール …… 26

さ

再現性 …… 34
採用活動 …… 16
作成者名 …… 124
作成ノウハウ …… 166
参考資料 …… 84
仕組化 …… 38・52・142・144・152
自主性 …… 28
実働時間 …… 82
視認性 …… 94
写真 …… 134
社内体制構築 …… 44
習慣化 …… 38・60・142・152
守破離 …… 20
使用者側の観点 …… 18
小分類 …… 80・106
情報セキュリティポリシー …… 150
人材育成 …… 16
人事評価 …… 26
新人教育 …… 20
生産性 …… 14
整理方法 …… 162
セキュリティ管理 …… 150

戦力化 …… 16

た

タイトル …… 122
大分類 …… 80
WBS …… 72
「誰が」と「誰に」 …… 84
チェックリスト …… 18
注釈 …… 132
中分類 …… 80
陳腐化 …… 46
電子 …… 48
動画 …… 136
導入説明会 …… 56
トークスクリプト …… 110
取扱説明書 …… 18

な

人数 …… 76

は

判読性 …… 94
備考 …… 84
ひとつのパターン …… 86
標準化 …… 14・38
不安点 …… 78
フォーマット …… 22・60・66・114・156
文のスタイル …… 126
法則性 …… 34・114

ま

マインド整理 …… 78
マインドセット …… 96・100
マニュアル管理会 …… 54・160
マニュアルサイクル …… 38
マニュアル作成者 …… 44・54
マニュアル準備シート 66・72・74・114
マニュアル担当者 …… 60
マニュアル人間 …… 170
マニュアルの共有方法 …… 48
マニュアルのテスト …… 138
マニュアルの理解度テスト …… 146
マネージメント担当者 …… 54
目次 …… 118
目的 …… 100
目的・結果・行動 …… 30・36
文字の強調 …… 130
求める結果 …… 100
問題点 …… 78

や

用語集 …… 118
4つの絶対条件 …… 22
読み合わせ会 …… 144

ら

利己的視点 …… 100
リモートワーク …… 26
例外ケース …… 132

わ

ワークフロー …… 96・106

おわりに

この度は『図解 いちばんやさしく丁寧に書いた 業務マニュアルの作成』をお読みいただき、心から感謝申し上げます。

これからの時代、業務マニュアルはただの手続きを記したツールではなく、組織の知識や文化を伝え、成長を促す重要な存在になっていくと確信しています。それはもはや、一方的な指示書ではなく、同じ組織で働くすべての人たちが共有し、改善し、成長するための「生きたドキュメント」です。

そのためには、マニュアルを読むひとりひとりが自身の仕事に対する理解を深め、能動的に学び、改善に参加する意識が求められます。自身の業務を深く理解し、それをほかの人にもわかりやすく伝えることができる人になっていただきたいです。そして、あなたが得た知識や経験をマニュアルに反映し、組織全体の成長に貢献してください。それこそが、真の「業務マニュアルの力」を引き出す道だと私は信じています。

我々は変化の激しい時代を生きています。新たな技術、新たな働き方が生まれ、業務そのものが変わることも珍しくありません。しかし、どんなに時代が変わろうとも、人々が理解し合い、協力し合うことの重要性は変わらないでしょう。

この本を閉じたあとも、業務マニュアルは絶えず進化し続けます。それはあなた自身の成長とともに、そしてあなた自身によって。私たちは皆、その進化の一部であり、その主体でもあるのです。それを忘れずに、日々の業務に取り組んでいただきたいと思います。

皆様が本書を通じて、業務マニュアルの新たな可能性を感じ、業務そのものへの新たな視点を持っていただければ、私としては何よりの喜びです。そして、その新たな視点が組織や社会全体の変革を促し、よりよい働き方や生き方を創り出す原動力となることを願ってやみません。

最後に、私の思いを一言でまとめるならば、それは「共有」と「成長」です。知識を共有し、経験を共有し、そのうえで共に成長する。それが、業務マニュアルを通じた理想的な働き方であり、私たちが目指すべき未来だと思います。

皆様のこれからの成長と、組織の発展を心から祈念しています。そして、この本がその一助となれば幸いです。

本書を手に取ってくださった皆様、そしてこれからも一緒に成長していく皆様へ、最大の感謝を込めて。

中山 亮

■ 監修者紹介

中山 亮（なかやま りょう）

長崎大学大学院を修了後、株式会社アルファシステムズにSEとして入社。その後、株式会社リクルートに営業職として入社し、チームリーダーとしてカンパニーMVPを受賞。2007年にプルデンシャル生命保険株式会社へ入社。業界上位1%の保険営業マンに送られるMDRTの称号を獲得し、横浜エリアにて営業所長を務める。組織におけるマニュアルの重要性に気づき、2014年、企業の活性化をマニュアルによって実現する事業を発案し、株式会社2.1を創業、代表取締役に就任。500社以上のマニュアル導入支援をした実績から、2019年より、政府機関である内閣官房にて各省庁の業務見直しを支援中。

● 編集：有限会社ヴュー企画（山角優子・礒淵悠）
● 執筆協力：相﨑リョウスケ
● イラスト：こつじゆい
● 本文デザイン：有限会社PUSH（木野内宏行）
● 企画・編集：成美堂出版編集部
● 写真協力：PIXTA

本書に関する正誤等の最新情報は、下記のURLをご覧ください。
https://www.seibidoshuppan.co.jp/support/

上記アドレスに掲載されていない箇所で、正誤についてお気づきの場合は、書名・発行日・質問事項・氏名・郵便番号・住所・FAX番号を明記の上、**成美堂出版**まで**郵送**または**FAX**でお問い合わせください。お電話でのお問い合わせは、お受けできません。
※本書の正誤に関するご質問以外にはお答えできません。
※ご質問の到着確認後10日前後に、回答を普通郵便またはFAXで発送いたします。

図解 いちばんやさしく丁寧に書いた 業務マニュアルの作成

2024年6月10日発行

監　修　中山《なかやま》 亮《りょう》

発行者　深見公子

発行所　成美堂出版
〒162-8445　東京都新宿区新小川町1-7
電話(03)5206-8151　FAX(03)5206-8159

印　刷　大盛印刷株式会社

©SEIBIDO SHUPPAN 2023 PRINTED IN JAPAN

ISBN978-4-415-33316-8

落丁·乱丁などの不良本はお取り替えします
定価はカバーに表示してあります

• 本書および本書の付属物を無断で複写、複製（コピー）、引用することは著作権法上での例外を除き禁じられています。また代行業者等の第三者に依頼してスキャンやデジタル化することは、たとえ個人や家庭内の利用であっても一切認められておりません。